REVOLUCIONA TU VIDA

UNA HOJA DE RUTA PARA TU REINVENCIÓN PERSONAL Y PROFESIONAL

ALBERTO APOLO

© Alberto Apolo, 2021
© Ediciones Koan, s.l., 2021
c/ Mar Tirrena, 5, 08912 Badalona
www.koanlibros.com • info@koanlibros.com
ISBN: 978-84-18223-38-9 • Depósito legal: B-15474-2021
Diseño y maquetación: Estudio Freixes Pla
Impresión y encuadernación: Liberdúplex
Impreso en España / *Printed in Spain*

1ª edición, enero de 2022

A Rafael, mi padre,
por haberme dado
la fuerza para
seguir adelante.

A Ana Belén, mi
compañera de viaje,
por revolucionar
mi vida.

Y a ti,
inconformista, que
te atreves a seguir
tu propio camino.

FECHA DE HOY:

_____

NOMBRE COMPLETO:

_____

¡EMPIEZA TU PROCESO CONSCIENTE DE CAMBIO!

MOTIVO POR EL CUAL HAS DECIDIDO REINVERTARTE:

_____

¡QUE NO SE TE OLVIDE!
VUELVE AQUÍ CADA VEZ QUE LO NECESITES

ÚNETE A LA REVOLUCIÓN

Vivimos tiempos de cambio. Estamos experimentando un proceso evolutivo. Se está acabando una etapa «prehistórica» en el desarrollo humano, en la que ha primado la ceguera mental, el analfabetismo emocional y la amnesia espiritual. Somos muchos los espíritus rebeldes que estamos despertando y que cuestionamos el viejo paradigma. Reinventarte ya no es opcional: es una necesidad vital.

Toda crisis esconde un enorme potencial, es un detonante inevitable y necesario que abruptamente nos saca de nuestra zona de confort. Lo que vamos a vivir en los próximos años será, sin duda, revelador si sabemos aprovechar las circunstancias como una oportunidad de introspección, expansión y crecimiento. Se trata de un caos prerrenacimiento. Nos aguarda la Era del renacer, para dejar de ser lo que no somos, como individuos y como sociedad. Ya estamos inmersos en ello.

Ahora es el mejor momento para mirar hacia adentro. La verdadera revolución es interior y aflora cuando te atreves a ser tú mismo, cuando te conoces, encuentras tu camino y te entregas a la vida. Es hora de vencer tus dudas y derribar tus miedos, abrirte al mundo y florecer.

Se trata de trabajar en tu transformación individual, tanto a nivel personal como profesional: comprenderte en profundidad para tener claridad, confiar en ti para recuperar tu libertad y sentirte vivo, conectar contigo mismo para sintonizar con la vida.

¿PUEDE HABER ALGO MÁS REVOLUCIONARIO QUE VIVIR?

9

QUIÉN SOY YO PARA CONTARTE ESTO

Emprendedor, comunicador y divulgador, hace ya más de diez años que acompaño a otros inconformistas en procesos conscientes de cambio personal y profesional. Lo hago combinando diferentes herramientas con un enfoque integral y cien por cien humanista, a través de consultas privadas, programas grupales, experiencias formativas, cursos *online*, *podcasts*, conferencias, talleres, charlas... y, ahora, este libro que tienes entre tus manos. Mi primer libro.

Pero hubo antes un tiempo en donde me sentí perdido, frustrado, sin saber qué hacer con mi vida. A los catorce años, cuando me diagnosticaron anorexia nerviosa, toqué fondo. Necesité cinco años para superar aquella enfermedad. En el colegio sufrí acoso escolar, y en casa, violencia doméstica. Así empieza mi búsqueda.

De los diecinueve a los veintisiete años, experimenté un profundo proceso de transformación personal y profesional. Creé mi marca personal, colaboré con empresas y *startups* internacionales, lideré diferentes proyectos y ayudé a cientos de profesionales con propósito a impulsar negocios con alma.

Estoy licenciado en Comunicación Audiovisual. Hice un máster en Dirección de Marketing y Gestión Comercial y otro especializado en Marketing Digital y Negocios Online. He ejercido profesionalmente como formador, consultor y conferenciante.

En 2015 lo dejé todo en España para seguir mi propio camino. Aunque llevaba tiempo sumergido en el mundo del autoconocimiento y el desarrollo personal, por primera vez entré en contacto con la práctica espiritual. Mi búsqueda se fue volviendo cada vez más existencial, más mística. He vivido en países como Australia y Sri Lanka. Actualmente resido en Indonesia, lugar desde el cual termino de escribir estas líneas. Soy un enamorado de la vida. Me apasiona vivir experiencias.

Y ANTE TODO, ME CONSIDERO UN REBELDE CON CAUSA.

DISEÑA
TU HOJA
DE RUTA

Este libro no es una fórmula mágica: es una propuesta anti-gurús para conocerte y rediseñar tu vida. Se trata de una hoja de ruta —y no de un manual de instrucciones— que puedes emplear cuando quieras y como quieras, a tu ritmo. Se basa cien por cien en mi propia experiencia y en la de otros que me han servido de espejo y es el fruto de una profunda investigación empírica. He recopilado aquí de manera sintética lo aprendido y vivido en estos últimos años, tanto a nivel personal como a nivel profesional porque, como veremos, ambos van de la mano.

En estas páginas encontrarás un arsenal muy completo de pautas y ejercicios para reinventarte y exprimir al máximo tus potencialidades. Se trata de un proceso de *automentoring* innovador, disruptivo y transformador.

No importa si en algún momento te atascas, sigue avanzando. No esperes a saber qué quieres para actuar, actúa para saber lo que quieres. Este libro te invita a un viaje de adentro hacia afuera, para hacer introspección reflexiva y exploración experimental, para que saques lo mejor de ti, para que conectes con tu ser, para ser quien de verdad eres.

Recorrer este camino es poner en marcha un proceso creativo para emprendedores en potencia y profesionales sin rumbo, es una invitación al cambio y a la disidencia. Los recursos del «nuevo» paradigma digital son necesarios y de uso obligado para cualquiera que quiera prosperar en el nuevo marco profesional.

Y todo ello contado de manera clara, honesta y desenfadada, con un tono provocador y desde la experiencia de vida de una persona común y corriente. Quiero ofrecer una lectura inspiradora, a medio camino entre una reflexión con tintes filosóficos (y algo de misticismo) y un instrumento práctico para la autoindagación, para abandonar el sufrimiento y pasar de sentirnos perdidos y estancados a tener una vida plena, abundante y feliz.

Podrás pensar, tal vez, que soy idealista. Además de tener una visión del mundo teñida de cierto romanticismo, te lo cuento todo con mucha pasión, a veces con cierto descaro. No me tomes muy en serio, no pretendo convencerte de nada. Comparto mi verdad para que tú encuentres la tuya. Verás que la expreso con la energía entusiasta y apasionada de un eneatipo 7 que durante mucho tiempo estuvo atrapado en la insatisfacción, con la intensidad propia de un Leo con ascendente Escorpio y Plutón en la casa XII.

No esperes un texto dogmático. Duda de todo lo que leas. No lo creas, valídalo por ti mismo. Usa lo que te sirva y el resto apártalo, quizás te sea útil en otro momento. Habrá ideas que te aporten valor y otras de las que simplemente difieras. Cada viaje es único.

Si lo deseas, puedes llevar un registro de tu proceso y compartirlo conmigo en cualquier momento (al final del libro te dejo mi sitio web). Toma notas, apunta ideas. Es normal que después de cada capítulo te notes revuelto, confundido, eufórico o inestable. Ve tomando consciencia y escribe lo que sea que vayas sintiendo.

Es hora de recuperar tu autenticidad y asumir tu responsabilidad para desplegar toda tu capacidad personal y profesional. Es momento de volver a lo esencial y desarrollar una visión constructiva de nosotros mismos, de nuestra realidad, de lo que podemos ser y de lo que, si nos atrevemos, volveremos a ser muy pronto. Comprendernos para comprender la vida, el mundo y el universo que somos.

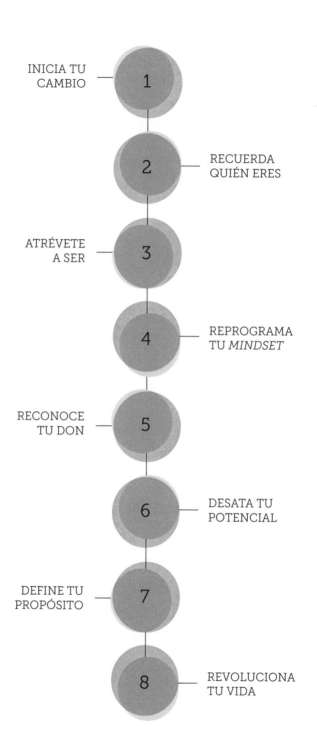

INICIA TU CAMBIO — 1

2 — RECUERDA QUIÉN ERES

ATRÉVETE A SER — 3

4 — REPROGRAMA TU *MINDSET*

RECONOCE TU DON — 5

6 — DESATA TU POTENCIAL

DEFINE TU PROPÓSITO — 7

8 — REVOLUCIONA TU VIDA

«QUIEN MIRA HACIA AFUERA SUEÑA, QUIEN MIRA HACIA ADENTRO DESPIERTA.»

Carl Gustav Jung

1. INICIA TU CAMBIO

EN ESTE CAPÍTULO...

> Hacemos una radiografía vital para fijar un punto de partida. Analizamos dónde estás ahora y cuál es tu situación actual. ¡Empezamos!

1.1. SOMOS REVOLUCIONARIOS

Si todos nacemos como seres genuinos y auténticos, ¿qué es lo que sucede luego? ¿Por qué nos alejamos de nuestra esencia? ¿Por qué perdemos la confianza? ¿Por qué vivimos experiencias tan limitadas y artificiales? ¿Por qué no podemos reconocer nuestro potencial latente? ¿Por qué terminamos viviendo la vida de otros? ¿Por qué nos acabamos conformando con profesiones que nada tienen que ver con nosotros? ¿Por qué nos cuesta tanto recordar quiénes somos? ¿Por qué nos estancamos? ¿Por qué nos sentimos tan confusos, asustados, frustrados y perdidos?

La singularidad es una condición inherente al ser humano, pero hemos normalizado lo frecuente y rechazado por completo aquellas «rarezas» que nos hacen únicos por naturaleza. Por eso, no debe sorprendernos que siendo tan diferentes acabemos experimentando la vida de formas tan semejantes, viviendo vidas tan parecidas.

Es posible que en ocasiones te sientas raro o excluido socialmente: no te aceptas, te esfuerzas por encajar en el molde social por miedo al qué dirán, por ese deseo anómalo de ser acogido en el clan. Salirte de la norma está mal porque la normalidad, lo conocido, se presenta como la única posibilidad.

Lo cierto es que vivimos en un mundo prefabricado, superficial. La neurosis colectiva es un reflejo de nuestra propia toxicidad. Si sientes que has nacido en un planeta un poco demente, quizás es porque viniste para ayudar a crear uno más consciente, siendo tú el cambio a partir de tu propia transformación. Como dice Jiddu Krishnamurti: «No es signo de buena salud estar bien adaptado a una sociedad profundamente enferma».

Aceptando las condiciones ambientales y los aspectos socioculturales en los que vives, puedes diseñar tu propio camino e impulsar una revolución. Para eso estamos aquí.

En mi caso personal, siempre me he sentido un inadaptado, una oveja negra. Soy el miembro de la familia que un día decidió sanar, crecer y evolucionar, romper con el patrón de comportamiento transgeneracional. No ha sido fácil. Nadie nos ha enseñado a conocernos, más bien todo lo contrario. De ahí que vivamos tan desconectados y tengamos que reinventarnos. El cambio que buscas eres tú.

Es nuestra responsabilidad desaprender lo aprendido, con amor y voluntad, para dejar de ser esclavos, liberarnos de la jaula mental y no vivir más sometidos a nuestras propias creencias heredadas, alojadas en la caja fuerte del inconsciente.

Estamos viviendo un momento histórico único: el ocaso del viejo paradigma industrial. Estamos asistiendo al amanecer de una nueva Era, de una nueva forma de comprender el mundo y contemplar la vida. Cada vez más personas se atreven a cuestionar lo recibido para conectar con su ser, para ser quienes de verdad son y dedicarse a aquello que realmente aman. Somos la generación del cambio, la generación de los revolucionarios. No te quedes fuera.

Quizás la expresión «No sé qué hacer con mi vida» te resulte familiar. Lo que sigue ya lo sabes: el inicio de una profunda crisis existencial. Toda crisis trae consigo un torbellino de oportunidades. No te sientas culpable. Date permiso para sentirte vulnerable y para volver a empezar las veces que haga falta.

La desazón que por mucho tiempo, pero en vano, ignoramos o tratamos de ocultar con trabajo excesivo, consumo compulsivo, ocio narcotizante, culto egoico a la imagen, distracciones banales, etcétera, esconde un rechazo patológico a sentir el vacío que todos, en mayor o menor medida, experimentamos.

¿Estás dispuesto a indagar para comprender qué hay detrás de todo este malestar? ¿Sientes una verdadera necesidad de abandonar la inconsciencia para encontrar tu felicidad y vivir con plenitud, libertad y autenticidad?

Todo ese malestar son anhelos reprimidos que buscan manifestarse, pero no se lo permitimos. Difícilmente sabrás qué hacer si no te dejas ser, si sigues viviendo desde la rigidez, buscando respuestas fuera. La vida vivida desde el ser y no desde el hacer es la que te permite florecer y prosperar.

Vivamos sin guión, sin la obligación autoimpuesta de cumplir con unos mandatos sociales predeterminados. Si algo te genera estrés agudo o crónico, significa que no es el camino.

Quizás en este instante sientas que tu mundo se desmorona, que lo que has hecho hasta ahora de pronto deja de tener sentido. Te preguntas qué hacer, cómo empezar desde cero, qué necesitas, si ya será tarde.

Nunca es demasiado tarde para conectar contigo mismo, no hay edad ni condición. Si no sabes qué hacer con tu vida, si sientes que el momento es ahora, ¡adelante!, es tiempo de mirar hacia adentro.

1.2. UNA MIRADA HACIA ADENTRO

Mirar hacia adentro no es soñar, todo lo contrario: despertamos. Comenzamos a transitar un proceso de cambio consciente.

La palabra *cambio* suele referirse a la acción de reemplazar o sustituir una cosa por otra. Nosotros vamos a entender el cambio de otra manera, como la transición de un estado inicial (tu situación actual) a otro diferente (eso que anhelas). El cambio consciente genera una evolución, siempre desde el interior —tu ser— al exterior —tu vida, lo que vives—. El movimiento siempre es de adentro hacia afuera.

Hay que aprender a apagar el piloto automático. Me refiero a la mente y su sistema de creencias, el principal obstáculo para mirar en tu interior.

Hace unos años leí en una publicación de autor desconocido esta frase: «Si el futuro no te emociona, estás en el presente equivocado». ¡Qué buena!, ¿verdad? Eso mismo pensé yo, hasta que aprendí a vivir sin pensar tanto «en lo de luego». El futuro no existe, es una ilusión. Solo tenemos el ahora: si el presente no te emociona, ¿qué más da el futuro? ¡Qué agonía vivir siempre con exceso de mañana!

Sin embargo, en aquel momento esas palabras calaron hondo en mí. Me impulsaron a tomar la decisión de dejarlo todo en España para irme al otro lado del mundo, a Australia. Si algo te motiva a pasar a la acción, bienvenido sea, aunque con el tiempo también lo acabes cuestionando. Ya sabes, dudar es un acto de cordura.

Despedirte de tu jefe, abandonar un «empleo estable», dejar un trabajo «bien remunerado» en «estos tiempos que corren» para emprender tu propio camino no es fácil. Al autoboicot mental se suma el condicionamiento del entorno: «Estás loco»; «¡cómo vas a dejar la empresa!»; «¡con lo mal que está todo!», «¿de qué vas a vivir?». Bla, bla, bla. Casi nadie me apoyaba. Te trasladan sus propios miedos.

Hice lo que los japoneses denominan un *datsusara*[1], es decir, dejé un trabajo que no me motivaba para seguir mi vocación o, al menos, para darme la oportunidad de encontrarla. Fue la mejor decisión, pero tomarla no fue sencillo y ejecutarla tampoco. Todo tiene dos caras, y es importante que sepas de ese otro lado menos amable del que pocos hablan. El saber siempre empodera.

Pero para tomar una decisión así, antes tienes que parar y reflexionar, hacerte preguntas que te muevan por dentro antes de moverte por fuera: ¿Por qué me siento así? ¿Es esta la vida que quiero? ¿Qué es lo que estoy creyendo para crear esta rea-

1 Esta palabra está recogida en el libro *Hanakotoba, el lenguaje de las flores*, de Alex Pler, un pequeño diccionario japonés para las cosas sin nombre que reúne más de un centenar de palabras japonesas que no existen en español, pero que reflejan conceptos y sentimientos universales que todos hemos experimentado en algún momento.

lidad que me hace sentir tan mal? ¿Qué necesito para sentirme bien? ¿Qué me falta? ¿Qué me sobra? Si muero mañana, ¿vivir habrá merecido la pena? ¿Me siento vivo?

Frente a la embestida de enigmas e interrogantes que te inundan, recuerda: lo estás haciendo lo mejor que puedes, lo has hecho lo mejor que sabes. Hacerlo «bien» o hacerlo «mal» es relativo. Son etiquetas que usa la mente en un intento de controlar lo desconocido, un mecanismo para eludir las incertidumbres. Estamos aquí, precisamente, para surfear estos embates. La vida es una gran escuela. Aprendemos a vivir en el fluir: ahí es donde nos encontramos a nosotros mismos.

La sociedad solo puede hacerte dudar de ti mismo cuando no vives alineado con tu ser. Cuesta admitir que te sientes perdido o reconocer que tu vida no te excita. Este reconocimiento es probablemente el paso más difícil, pero también el más decisivo. Cuando lo admites con una predisposición real de cambio y grandes dosis de compromiso para avanzar, tu percepción de la realidad cambia. Las piezas del puzle por fin encajan. Vas encontrando tu lugar, empiezas a construir tu propio mundo. Tu verdadero camino pasa por vivir con autenticidad, sin esperar que otros entiendan tu vida o la aprueben.

A menudo, sentirse desorientado implica falta de claridad. Quizás no te conoces lo suficiente, por eso sientes que algo falla, falta o sobra. Sin embargo, todo lo que buscas está ya dentro de ti. Estás donde tienes que estar. Ya eres. Ningún gurú puede darte la solución: tú eres la respuesta. Convertirte en tu propio maestro significa comprender esta verdad. Tan solo tienes que recordar lo que otros te hicieron olvidar: quién eres, para qué vales, cuál es tu propósito, etcétera.

Lo que sucede en el mundo exterior es una creación interna. Quienes se atreven a mirar hacia adentro son capaces de ver con claridad lo de fuera. Como dice uno de los grandes inventores de todos los tiempos, Nikola Tesla: «La mayoría de las personas están tan absortas en la contemplación del mundo exterior que son totalmente ajenas a lo que está pasando dentro de sí mismas».

Mientras sigas distraído, seguirás desconectado, echando balones fuera. Da igual que cambies de trabajo veinte veces, que te mudes a otro país o que lo intentes con una docena de proyectos, repetimos el mismo patrón una y otra vez. Hasta que aprendemos. Eso es autoconocimiento. Si tú no te transformas, tu vida no transmuta.

Mientras no seamos conscientes, nuestra situación se mantiene y repite. Lo que vives son manifestaciones externas de tus turbulencias internas: si no resuelves los conflictos de tu mundo interior, seguirás peleado contigo, con la vida y con el mundo. Es por todo esto que un proceso de introspección que te sacuda y confronte es indispensable. Necesitamos levantar la alfombra para sacar de debajo toda la basura que durante tanto tiempo hemos estado acumulando, ignorando o escondiendo.

1.3. ENAMÓRATE DEL PROCESO

El cambio no es un accidente, es un proceso. Este término, uno de los que más repetiremos a lo largo del libro, viene del latín *processus* y significa 'avance', 'desarrollo', 'progreso'. Un proceso de cambio, entonces, implica una transformación evolutiva. Exige coraje y paciencia, desapego y presencia, compromiso y conexión. Y mucha consciencia. No existe una secuencia clara de pasos. Cada proceso es diferente. Y está bien. En una sociedad orientada a los resultados, disfrutar del proceso es uno de nuestros mayores desafíos.

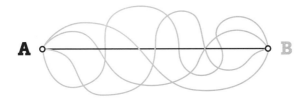

Seguramente te hicieron creer que no eres capaz, que salir de tu zona de confort es arriesgado, porque «más vale pájaro en mano que ciento volando», como dice el refrán popular que glorifica el apego a lo seguro. Lo cierto es que aferrarse a lo seguro no te dejará volar con libertad. A veces, la ansiada seguridad vacía de sentido nuestra vida, mientras que la duda resulta una aliada valiosa para encontrarlo.

El cambio nos atemoriza. Es como si fueras a saltar desde lo alto de un precipicio, sobre todo cuando miras hacia abajo. Da mucho vértigo. El miedo al cambio te impide aprender y crecer. Es el peaje que tenemos que pagar para avanzar y evolucionar, la única manera de superarlo es aceptarlo, atravesarlo para trascenderlo. A menudo no damos este salto hasta que nuestro sufrimiento es insostenible. A mayor presión, mayor revolución. Es normal experimentar miedo, especialmente en estos tiempos de caos, disrupción e incertidumbre. No busques la aprobación, escucha tu voz interior. Cuando lo haces, el miedo no desaparece, pero se diluye.

Recuerdo que me frustraba muchísimo al leer cosas del tipo «haz lo que amas», «dedícate a lo que te apasiona». Tal vez a ti te suceda lo mismo. Me preguntaba, con fastidio: ¿Cómo hago lo que amo si no sé lo que amo, si ni siquiera me amo a mí mismo? ¿Cómo voy a dedicarme a lo que me apasiona si no sé qué es lo que me apasiona? Es como ir a comer a un restaurante y que en el menú no haya nada que te guste. Da igual que vayas a un buffet libre: nada es suficiente para quien no sabe lo que quiere. Pero también puede ocurrir que te conformes con cualquier cosa. En cualquiera de los dos casos, la vida transcurre sin que la disfrutemos. Seguirá siendo así hasta que no sepas o quieras atender a lo que realmente te sucede por dentro.

Que no cunda el pánico. Es normal sentir inquietud cuando no encontramos el sentido de la vida. ¡Es frustrante no saber cuál es tu misión! Pero si vas despacio, poco a poco comprendes que encontrar tu propósito es otra excusa para conectar contigo mismo, para sentirte vivo. Y que nuestro propósito central es vivir.

Soltar lastre, dejar de luchar, darte permiso para sentir y vivir tus emociones. Parece simple y lo es, pero ¿por qué nos cuesta tanto? Porque la mente y sus prejuicios, tu sistema de creencias y sus condicionamientos, los miedos, te juegan malas pasadas. A lo largo de este viaje, habrá momentos en que te sentirás molesto y querrás tirar la toalla. En algunas ocasiones te caeré fatal, querrás salir corriendo, abandonar. No pasa nada: tómate tu tiempo, las veces que haga falta. Cuando te sientas preparado, retomas el viaje.

No dejes de creer en ti. El compromiso y la aceptación son dos ingredientes fundamentales. Cuando hablo de compromiso, nada tiene que ver con el trabajo duro, sino con un esfuerzo consciente. De la misma manera, cuando hablo de aceptación no me refiero al conformismo, sino a la comprensión profunda de que todo lo que sucede es una elección, un aprendizaje, un regalo, aunque a veces nos cueste verlo.

Rendirse a la vida no es resignarse, es confiar en el proceso que has elegido conscientemente, con alegría, gozo y disfrute. Es entregarte con determinación, hacer a un lado la necesidad de control y aprobación. Abandonar las expectativas y disponerte a vivir tu realidad, cualquiera que sea. Prepárate, que vienen curvas.

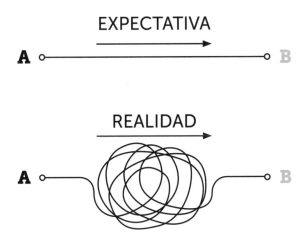

EXPECTATIVA

A ——————————————————o B

REALIDAD

A ~~~~~o B

1.4. ¿DÓNDE ESTÁS AHORA?

Alicia: Dime, gato, ¿cuál es el camino correcto?
Gato: ¿A dónde te quieres dirigir?
Alicia: No lo sé.
Gato: Si no sabes a dónde vas, poco importa el camino que tomes.

Lewis Carroll, *Alicia en el país de las maravillas* (1865)

Ya lo decía el gato de Cheshire: avanzar sin sentido no tiene ningún sentido. Por eso, empecemos por ubicar tu situación actual. Necesitamos fijar un punto de partida.

Imagina que estás perdido y decides usar el GPS de tu Smartphone. Lo primero que hará tu dispositivo será tratar de conectar con una serie de satélites en órbita para ubicar tu situación real y a partir de ahí trazar la ruta más corta para llegar a tu destino. Se pueden dar dos situaciones:

- Tu GPS no tiene señal y no puede encontrar tu posición actual.
- Tu GPS te localiza pero no encuentra tu destino.

Tal vez te identifiques con alguna de estas dos situaciones o con ambas al mismo tiempo: te sientes tan perdido que no tienes idea de dónde estás (como si no tuvieras cobertura) y tampoco tienes claridad para saber qué camino escoger, hacia dónde dirigir tu vida.

Aquí no hay atajos, altibajos son lo que sobra. No solo no existe un único camino, sino que la ruta más corta, al contrario que en el GPS, suele ser la menos eficaz y la que te acabe llevando a un callejón sin salida. La buena noticia es que se puede recalcular. Hazlo con calma. No compites con nadie, ni siquiera contigo mismo.

Cuando empiezas a sentir curiosidad por el mundo del autoconocimiento y del desarrollo personal, siempre surge la misma pregunta: ¿por dónde empiezo? Es la que más veces me han hecho en estos últimos años. El punto de partida es tener un punto de partida. Empieza por ti mismo, por adentro. Trascender el autoengaño es el paso inicial. Evadirse o distraerse es un mecanismo para evitar la autoindagación, y es una trampa.

José Ortega y Gasset decía con mucho acierto que «aunque la mayoría de las personas no van hacia ninguna parte, es un milagro encontrarse con una que reconozca estar perdida». Reconocer que te sientes perdido y que necesitas un cambio genera un gran revuelo interno. Es un caos con consciencia. Lo importante es escrutar todas las emociones y sensaciones asociadas a tu estado presente. No negarlas ni mirar para otro lado. Es igual que cuando te diagnostican un trastorno psicológico o una enfermedad que compromete tu salud: inicialmente lo rechazas, porque no quieres o no puedes aceptarlo, te cuesta asumirlo. A mis catorce años, yo rechazaba la anorexia nerviosa. No quería o no podía reconocerla. Gran parte de mi recuperación tuvo una relación directa con mi nivel de comprensión: empecé a ser consciente de que no estaba bien; al aceptarlo, me comprometí con mi recuperación. Reconocer que estás en una determinada situación es justamente lo que te acerca a la solución. Te permite resolverla.

Supongamos que tu situación actual no es del todo agradable. Todos partimos de una situación no deseada que activa las alertas del cambio, tan temido como necesario. ¿Por qué nos da tanto miedo? Porque es incierto, incómodo y molesto. Por eso sentimos tantos bloqueos (resistencias). Resistirnos al caos es resistirnos a nuestra propia revolución interna. En la dificultad hay una oportunidad, sin incomodidad no hay cambio, sin movimiento no hay evolución. Por eso al principio te sientes tan aturdido, porque crecer duele, es un dolor ineludible.

Si estás leyendo estas páginas, significa que ya has iniciado tu proceso de cambio. Puede que haya sido motivado por un acontecimiento concreto o simplemente por hartazgo, por acumulación de sufrimiento. Lo que buscamos es pasar del punto A o punto de angustia (donde estás ahora: cómo te sientes en este momento) al punto B o punto de bienestar (donde puedes estar: cómo anhelas sentirte).

No sabes lo que buscas hasta que te encuentras. Ni que decir tiene que siempre es oportuno acudir al psicólogo o comenzar un proceso terapéutico con un profesional competente y cualificado. A terapia no va quien tiene problemas, porque «problemas» tenemos todos, a terapia van aquellos que quieren resolverlos.

Nos hemos acostumbrado a la hiperactividad. Desorientados y aturdidos, evitamos parar, reflexionar y mirarnos a nosotros mismos. Por eso nos cuesta tanto recordar lo que somos. Si lo hiciéramos, quizás nos convertiríamos en una «amenaza» para el propio sistema tal y como lo conocemos, pues empezaríamos a cuestionarlo todo. Como dice el psiquiatra y escritor chileno Claudio Naranjo, pionero y referente de la psicología transpersonal, «Al sistema le conviene que uno no esté tanto en contacto consigo mismo. El sistema tiene miedo de que la gente tome consciencia de su vida». Cuando lo hagamos, dejaremos de perpetuar su existencia y este desaparecerá. Estamos en ello, es cuestión de tiempo.

Cuando invito a alguien a que inicie este proceso, recibo siempre la misma respuesta: «es que no tengo tiempo». Cuanto menos tiempo crees que tienes para ti mismo, más te necesitas. Es eso, o seguir hipotecando tu vida. Cuanto más sientas la necesidad de desconectar, más necesitas reconectar contigo mismo. No solo es priorizarte, se trata de dejar atrás todas esas pautas mentales que te impiden cuidar de ti para sentirte bien y vivir con mayor plenitud.

Por tanto: de la reflexión surge la claridad y de la acción, el cambio. Teniendo en cuenta que la dirección es más importante que la velocidad. Si no sabes dónde estás ahora, es difícil que sepas dónde podrías estar; sin saber cuál es el punto A, resulta complicado establecer un punto B. Usa la tabla para calibrar tu GPS interno y ubicarte. Si no sabes qué poner, déjalo en blanco y vuelve más tarde.

¿CÓMO VAS A SABER LO QUE QUIERES SI NO SABES QUIÉN ERES?

A. DÓNDE ESTÁS AHORA	B. DÓNDE PODRÍAS ESTAR
¿Quién soy?	¿Quién puedo ser?
¿Cómo me siento?	¿Cómo podría sentirme?
¿Qué necesito cambiar?	¿De qué manera puedo lograrlo?

No se trata de querer ser algo que no eres, sino de reconocer quién puedes llegar a ser. «Haz lo que sueñas» es genial como eslogan publicitario, pero lo más sensato sería decir «haz lo que puedas»: esto no expresa autolimitación, es una afirmación consciente conectada con tu potencial real. Eso es lo que tenemos que recordar.

Supongamos que la columna de la derecha tiene que ver con tu versión expandida o auténtica, con tu verdadera esencia, mientras que la columna de la izquierda tiene más que ver con tu versión limitada o artificial, con ese personaje que has creado y que te has creído que eres, por eso te sientes perdido y desubicado.

Eres mucho más que una colección de creencias. En esencia, no tienes nada que cambiar, sino más bien quitarte capas para pasar de tu versión actual a tu versión potencial. El malestar aflora cuando tratas de responder desde la mente y no desde el corazón.

1.5. RADIOGRAFÍA VITAL

Hagamos una fotografía de tu vida. Vamos a medir el nivel de satisfacción en relación a tu situación actual. ¿Cómo te sientes? ¿Eres feliz? Esto no es un examen. Recuerda que ser honesto contigo mismo es fundamental. Se trata de sacudir la alfombra. Usa la rueda de la vida para evaluar tu sensación de bienestar en relación a cada una de estas seis grandes áreas de la vida.

1. Desarrollo personal (autoconocimiento, emociones, espiritualidad, etcétera)

¿Inviertes tiempo y recursos en tu desarrollo personal? ¿Te conoces? ¿Lees, escuchas *podcasts* o has hecho algún curso sobre autoconocimiento? ¿Has realizado o haces actualmente algún tipo de terapia? ¿Te dedicas tiempo? ¿Qué tal gestionas tus emociones? ¿Meditas o practicas algún tipo de ejercicio para conectar contigo mismo? ¿Has trabajado tus traumas infantiles? ¿Sientes que creces y evolucionas? ¿Has cambiado mucho en los últimos años?

2. Actividad profesional (profesión, propósito profesional, etcétera)

¿Cuál es tu trabajo ideal? ¿Te sientes realizado profesionalmente? ¿Sientes que tu profesión es lo que siempre habías anhelado hacer? ¿Sabes lo que amas? ¿Haces lo que te apasiona? ¿Vas a trabajar supermotivado? ¿Te levantas de la cama con ganas? ¿Sientes que aportas valor? ¿Has encontrado tu propósito profesional? ¿Has pensado en emprender tu propio proyecto? ¿Por qué no lo haces?

3. Alimentación y salud (energía, deporte, estado físico, hábitos alimentarios, etcétera)

¿Cómo te encuentras físicamente? ¿Sueles enfermar con frecuencia? ¿Llevas una vida sana? ¿Te alimentas de manera consciente? ¿Practicas algún deporte o haces ejercicio físico con frecuencia? ¿Te mueves? ¿Tu estado de salud limita tu vida? ¿Lo llevas bien o te castigas por ello? ¿Te notas vital y lleno de energía? ¿Cómo puedes mejorar tu salud y vitalidad? ¿Te sientes a gusto con tu cuerpo?

4. Dinero y finanzas (inteligencia financiera, ingresos, prosperidad económica, etcétera)

¿Estás satisfecho con tu calidad de vida? ¿Ganas todo lo que te gustaría y mereces? ¿Ahorras algo o llegas con lo justo a final de mes? ¿Tienes suficiente dinero ahorrado para afrontar cualquier imprevisto? ¿Cuentas con un «colchón» económico? ¿Te falta dinero para pagar las facturas? ¿Puedes permitirte caprichos? ¿Acumulas demasiadas deudas? ¿Has conseguido cierta independencia económica o dependes de una única fuente de ingresos? ¿Cómo es tu relación con el dinero? ¿Eres libre financieramente?

5. Familia y amigos (relaciones sociales, vínculos familiares, etcétera)

¿A quién consideras tu familia? ¿Tienes una buena relación con ellos? ¿Sientes que hay algo que no fluye? ¿Hay alguna cosa que te gustaría decirles y no te atreves? ¿Te sientes satisfecho con tu pertenencia a tu familia? ¿Cuál es tu familia modelo? ¿Qué haces para mejorar tu familia? ¿Qué es para ti un amigo? ¿Tienes amigos de verdad o un montón de conocidos? ¿Los conoces bien? ¿Te apoyan? ¿Crees que tus valores y creencias encajan con tu entorno social? ¿La calidad de tus amistades te hace justicia? ¿Los ves todo lo que te gustaría? ¿Te permites ser 100 % tú con ellos?

6. Amor y pareja (vida sentimental, amor y sexualidad consciente, etcétera)

¿Amas a tu pareja? ¿Eres feliz con ella? ¿Crees que tienes una relación consciente? ¿Puedes ser 100 % tú? ¿Respeta tu libertad y viceversa? ¿Te deja ser y viceversa? ¿No tienes pareja y la buscas? ¿Disfrutas con consciencia de tu soltería? ¿Tienes el tiempo suficiente para conocer a otras personas que te aportan? ¿Tu pareja te completa o te complementa? ¿Detectas cierta toxicidad en tu relación? ¿Eres feliz con tu situación actual, sea cual sea?

Consejo: utiliza un lápiz para poder repetirlo más adelante. Puedes hacer este ejercicio varias veces a lo largo del año. Es importante que respondas a las preguntas con sinceridad.

1. ¿En qué áreas tienes la nota más baja?
   Nota igual o inferior a 5

2. ¿Por qué crees que tienes esa nota?

3. ¿Qué decisiones te han llevado al momento actual?

4. ¿Por qué tomaste esas decisiones?

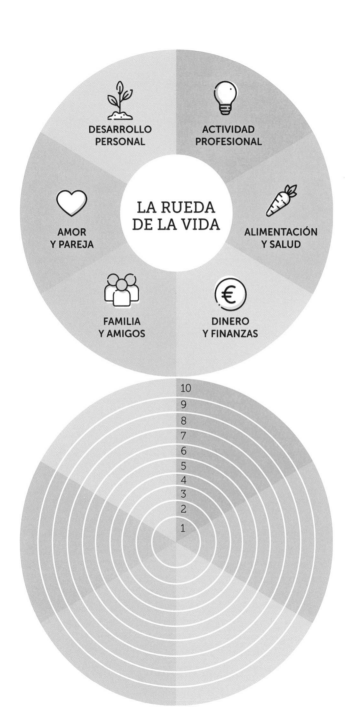

DESARROLLO PERSONAL

ACTIVIDAD PROFESIONAL

LA RUEDA DE LA VIDA

AMOR Y PAREJA

ALIMENTACIÓN Y SALUD

FAMILIA Y AMIGOS

DINERO Y FINANZAS

10
9
8
7
6
5
4
3
2
1

1.6. AQUELLO QUE TE MUEVE

A medida que vayamos avanzando, nos iremos dando cuenta de que el bienestar real no se mide ni se toca, no se consigue con sacrificio, se aleja de la severidad, nada tiene que ver con la intransigencia. La verdadera plenitud se logra precisamente cuando dejas de buscar, cuando reduces el ruido mental para contemplar y disfrutar, cuando eres indulgente y compasivo, cuando simplemente respiras, aceptas y vives. ¡Menudo alivio!

Hay un mantra que descubrí viajando por la Costa Este de Australia que lo resume magistralmente en cuatro palabras: *Go with the flow*, dejar que todo fluya. Suena genial, el desafío es aplicarlo. Personalmente, por momentos me sigue resultando difícil. A mi mente le encanta tomar el control y acapararlo. Esto produce un bloqueo. No obstante, cuando logras interiorizar e integrar este fluir, aflojas la tensión, te sientes mucho más ligero. Y liberado.

La vida no funciona como una ecuación matemática. Pero para llegar a eso, irremediablemente, tenemos que trascender el ego (del que hablaremos más tarde) y despejar algunas incógnitas. ¿Para qué haces lo que haces? ¿Qué te motiva?

Etimológicamente, la palabra *motivación* deriva del latín *motivus*, que significa 'causa del *movimiento*'. La causa del movimiento de un vehículo es su motor. ¿Y la tuya? ¿Cuál es tu motor? ¿Qué es lo que te mueve? Ese es el origen de la motivación, tiene relación directa con tu causa interna. Si no te mueves, te mueres. Nos movemos desde que llegamos al mundo. Cuando somos niños, lo hacemos de forma libre y auténtica; sin embargo, poco a poco nos vamos desconectando del ser, articulando un movimiento reprimido y mecánico. ¿Y si recuperamos nuestra esencia?

Una vida sin sentido carece de motivos. Una meta sin un motivo es tan solo un deseo. Y deseos egoicos tenemos todos, por eso la mayoría no se cumplen: desear no te compromete. En el fondo, no dejan de ser fantasías mentales, no nacen dentro de nosotros, son metas que no están vinculadas a la emoción.

METAS + MOTIVOS + ACCIONES = **EMOCIÓN**

A menudo perseguimos las metas de otros: trabajamos duro para «ganarnos la vida», para conseguir un buen puesto de trabajo, para obtener un título académico, tener éxito o un buen cuerpo... Y cuando alcanzamos estas metas, nos sentimos huecos por dentro. O directamente nos rendimos a mitad de camino. ¿De dónde nace esta falta de compromiso, de persistencia?

Marcarte objetivos sin motivos que los sustenten no sirve para nada. Lo que te permite lograr tus metas no son esas metas en sí, sino tu motor interno: una meta es un objetivo temporal. Lo que necesitas es una motivación real, es decir, que esté alineada con tu verdad interior. Y luego, evidentemente, un sistema de cambios que incluya acciones concretas y sostenidas en el tiempo. Y una emoción asociada: ¿cómo te sentirás al lograrlo? Eso es precisamente lo que te permite trascender las ideas condicionadas y las excusas inconscientes de la mente. Conecta con la emoción de sentirte vivo, no conozco una fuente de energía más poderosa.

Usa la tabla para anotar las metas y motivos que tengas ahora mismo. Sé sincero. Escribe todo aquello que quieras lograr en tu vida personal y profesional. Sé lo más específico posible: en lugar de «quiero emprender», mejor escribe «quiero crear un proyecto de nutrición consciente para adolescentes». Si no lo tienes claro, no pasa nada. Escribe lo que puedas y vuelve aquí más adelante.

METAS	MOTIVOS
OBJETIVO TEMPORAL	MOTIVACIÓN REAL
¿Qué quieres lograr?	¿Para qué quieres lograrlo?

ACCIONES	EMOCIÓN
SISTEMA DE CAMBIOS	RESULTADO PERMANENTE
¿Qué necesitas para lograrlo?	¿Cómo te sentirás al lograrlo?

1.7. TU VIDA POTENCIAL

Un modelo de vida ideal, que además nos sirva a todos por igual, no existe. Lo que sí existe es tu modelo de vida potencial, es decir, esa realidad que puedes llegar a crear si llegas a ser lo que potencialmente eres. ¿Te lo has planteado alguna vez?

La imagen que evoca tu mente de la vida ideal —encontrarse, por ejemplo, en una isla desierta rodeado de palmeras y tumbado en una hamaca— tiene más que ver con el deseo provocado por el marketing y la publicidad que con el alma y la consciencia, y se aleja bastante de tu vida potencial, de la esencia natural de la vida. Tu vida potencial es aquella que te mereces, que anhelas, que eres capaz de vivir y que puedes manifestar si desatas tu potencial. Es esa vida que te excita.

Tratar de alcanzar «tu mejor versión» genera demasiada opresión. Si te produce excesiva tensión, te alejas de ti. Desde ahí no podemos crear nada sano, real y auténtico. Si en algún momento te sientes presionado, para y respira. No sigas leyendo. Puede que no sea el momento, que necesites un descanso o simplemente ir más lento.

¿Seguimos? Ánimo, que ya queda poco para terminar este primer capítulo.

Los discursos teñidos de superioridad de algunos pseudogurús para que consumas sus productos y servicios aumentan tu desconexión. No, no tienes que ser «tu mejor versión», se trata simplemente de ser. Todas tus «versiones» son tan perfectas como necesarias. Todas eres tú en diferentes momentos de tu proceso. En realidad, a lo que debes apuntar es a saber cómo eres, por qué eres como eres y para qué estás en este mundo, con el fin de tener una convivencia más pacífica y placentera contigo mismo y con la vida. Entonces te expandes.

Por eso, la pregunta fundamental que tienes que plantearte antes de avanzar sería: ¿Qué estilo de vida quieres? ¿Cuál es tu modelo de vida potencial? ¿Cómo es la vida que anhelas? ¿Dónde vivirías? ¿Con quién? ¿Qué harías? ¿Cómo sería tu día a día? ¿A qué te dedicarías?

No lo pienses mucho, expresa lo que sientes. Usa este espacio para escribir o dibujar todo lo que se te ocurra sobre tu nueva vida potencial.

TÓMALO COMO LA PRIMERA PÁGINA DE TU NUEVA VIDA

Haz una declaración de intenciones. ¡No te limites!

Hazlo con lápiz, puede ir cambiando. Vuelve a esta página cada vez que lo necesites.

Es el momento de decidir lo que quieres vivir. Juguemos. Al fin y al cabo, la vida es juego.

Quizás buscas libertad para viajar y poder trabajar desde cualquier lugar, no tener un jefe que te diga lo que tienes que hacer, manejar tus horarios, despertarte sin alarma..., o quizás prefieres la tranquilidad, un espacio fijo de trabajo, una vida sedentaria, formar una familia y tener un horario definido. Existen tantas variables como personas en el planeta. ¿Qué elegirías tú?

Plantearte tu estilo de vida potencial es fundamental para crear una vida en coherencia con él, que genere armonía entre lo que eres, lo que haces y lo que tienes. El sentido auténtico de la vida reside en ser para hacer, y tener en consecuencia, como un resultado, es ahí cuando se manifiesta la abundancia.

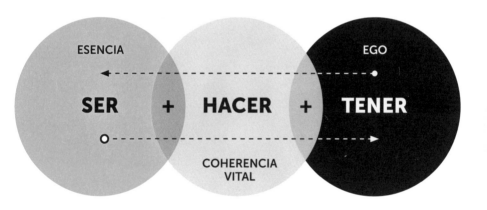

¿Cómo te gustaría que fuera tu vida dentro de cinco o diez años? Al igual que tu vida actual es el resultado de tu pasado, tu futuro se construye en el presente. No pienses en el mañana, céntrate en el ahora. Crea tu futuro rediseñando tu presente. No esperes diez años. Dentro de diez años, tu vida será un reflejo de la persona en la que te hayas convertido. Y eso dependerá en buena medida de las creencias que cuestiones hoy, los hábitos que incorpores hoy, los motivos que definas hoy, los alimentos que comas hoy, la información a la que accedas hoy, las conversaciones que mantengas hoy, los libros que leas hoy, los *podcasts* que escuches hoy, las personas con las que compartas tu tiempo hoy. ¿En quién o qué inviertes tu tiempo y tu energía?

¿QUÉ HACES EN TU DÍA A DÍA?

¿QUÉ HARÍAS SI FUERAS COHERENTE?

¿QUÉ TE IMPIDE HACERLO?

¿Qué haces en tu día a día?

Tal vez madrugas para ir a trabajar por obligación en algo que no te gusta, que no está para nada alineado contigo, porque tienes que generar ingresos para pagar préstamos, facturas y deudas, soportando a un jefe que no te trata bien simplemente porque crees que no puedes aspirar a nada mejor o porque te han hecho creer que no eres capaz de lograrlo, lo que se conoce como mentalidad fija.

Puede que cada mañana te levantes de la cama para ir a estudiar una carrera universitaria con «salida profesional» en el mercado laboral, aunque no tenga nada que ver con tu verdadera vocación (en realidad, no sabes cuál es tu vocación, funcionas en piloto automático, sin escuchar tu voz interior). Piensas que el día de mañana podrás trabajar en una «buena empresa», quizás porque tus padres te han empujado a ello con toda su buena intención. Tal vez te ha movido la falsa ilusión de seguridad que supuestamente te dará un trabajo y el dinero que recibirás a cambio de tu tiempo y tu energía, un dinero que al final no será suficiente para todo lo que quieres hacer y tener, y te verás obligado a endeudarte, volviéndote aún más esclavo.

Quizás tengas que recoger a tus hijos del colegio, luego vayas a entrenar al gimnasio y finalmente, cuando por fin llegues a casa, agotado y frustrado, decidas relajarte encendiendo la televisión. Eso, en el mejor de los casos. Si tienes pareja, es posible que acabéis discutiendo por cualquier tontería. Los dos os sentís tan desconectados que os desquitáis con el otro, perpetuando una relación desgastada y totalmente tóxica.

Es posible que acabes saliendo de fiesta con tus amigos para olvidarte de todo y termines en tal estado de embriaguez, que al día siguiente tu vacío se combine con la resaca y un agujero en tu cuenta bancaria debido a todas las copas que te bebiste la noche anterior... y el malestar se multiplique por diez.

Que levante la mano quien haya vivido esto alguna vez (no me ves, pero yo tengo ambas manos alzadas). Si necesitas escapar de tu vida, no es tu vida. Es la vida de otros.

¿Qué harías si fueras coherente?

Si fueras coherente, probablemente decidirías de todas formas madrugar para dedicarte profesionalmente a lo que en verdad te apasiona, mientras solucionas problemas, honrando tus valores, mejorando en algo la vida de otros y aportando valor al mundo.

Estudiarías lo que de verdad te gusta, no necesariamente en la universidad, porque te das cuenta de que no necesitas un título académico que te certifique como experto, ni tampoco lo necesitas para ser feliz o convertirte en alguien exitoso. Es una elección, no una obligación. El conocimiento, al igual que la experiencia, se puede adquirir de muchas maneras. Pasar por la universidad no es necesario para emprender o desarrollarte profesionalmente de forma consciente y plena.

Recogerías a tus hijos del colegio con otra actitud. El gimnasio no sería una válvula de escape o un medio para alimentar tu apariencia egoica. Llegarías a casa con la necesidad de conectar contigo mismo, cansado pero motivado después de un día emocionante, sintiéndote agradecido y afortunado por estar vivo.

Si fueras coherente, elegirías vivir, disfrutar de tus hobbies, viajar por el mundo, reinventarte o emprender de una vez por todas ese proyecto anhelado.

¿Qué te impide hacerlo? (pregunta clave)

- Falta de dinero. Te dices a ti mismo que no tienes recursos económicos, que debes pagar muchas facturas, que contrajiste demasiadas deudas, que ahora no es un buen momento (nunca lo es), etcétera.

- Falta de claridad. No sabes lo que quieres. Te sientes perdido. Te falta motivación. Ignoras tu propósito profesional, tienes dudas, etcétera.

- Falta de conocimiento. No te sientes capaz. Te dices a ti mismo que no estás preparado, que tienes que aprender más, que te falta experiencia, que no eres lo suficientemente bueno, etcétera.

- Edad. Eres demasiado joven o demasiado viejo, etcétera.

Estos son algunos de los impedimentos más habituales. La mayoría son excusas y encubren miedos profundos, creencias que nos bloquean y nos condicionan, limitaciones que nos impiden mejorar nuestra calidad de vida. ¿Qué estás obstaculizando o posponiendo por miedo a fallar? La idea es que vayas tomando consciencia de todo esto, para que puedas determinar de dónde vienen estos programas mentales.

Se trata de que puedas identificar aquello que no te deja crear la vida que anhelas. Si te comprometes de verdad, quizás no ahora y no como quieres, pero todo se acabará resolviendo como te mereces.

«DESPERTAR NO ES CAMBIAR QUIÉN ERES, SINO DESCARTAR QUIÉN NO ERES.»

Deepak Chopra

2. RECUERDA QUIÉN ERES

EN ESTE CAPÍTULO...

Vamos a descubrir quién eres realmente y qué necesitas para seguir avanzando. Es preciso que te conozcas en profundidad, con valentía y humildad. De otra forma, no tendrás claridad.

2.1. ¡DESPIERTA!

Vivir despierto significa vivir de forma consciente. Y el resultado de esto es la coherencia. Despertar implica, en primer lugar, tomar consciencia de ti mismo y luego tomar consciencia del mundo que te rodea; entender que sin autoconocimiento, sin una comprensión profunda de tu ser, no es posible liberarse de la hipnosis en la que muchos caemos y nos perdemos.

En el futuro, los analfabetos serán aquellos que decidan seguir viviendo estancados en la ignorancia. La ignorancia o ausencia de conocimiento nos esclaviza, nos aleja de la fuente. Por eso el autoconocimiento nos libera. Es lo que te permite expresarte y mostrarte al mundo tal y como te sientes, desde el amor por lo que eres.

Robert Schwartz, investigador de la «planificación prenatal», escribió en *El plan de tu alma* (2010) que «Las dificultades de la vida existen para que podamos experimentar quiénes no somos, antes de recordar quiénes somos realmente». Todo lo que vives forma parte del «plan» para despertar, todo tiene un propósito.

El crecimiento personal y profesional y, un paso más allá, la sensibilidad espiritual, se desarrollan gracias a las experiencias traumáticas. Por eso es común oír que muchas personas despiertan después de tocar fondo. Justamente ahí empiezan a sentir cómo su percepción cambia y su consciencia se eleva. Es entonces que empiezas a darte cuenta de cosas que hasta el momento ignorabas, te atreves a cambiar, desordenas tu vida, te haces preguntas... y te reinventas.

Hay una escena maravillosa de la película *Las vidas posibles de Mr. Nobody* (2009), del director belga Jaco Van Dormael, en la que el protagonista suelta esta perla: «Cuando aún no hemos nacido lo sabemos todo, todo lo que va a ocurrir».

Nacemos con memoria genética, con intuición, que es la máxima expresión de la inteligencia, con recuerdos muy vagos que vamos olvidando progresivamente. La «mente superior» (la consciencia) va quedando velada por nuestra «mente pequeña», muy condicionada por las diferentes instituciones del sistema (familia, educación, religión, cultura, etcétera) y su repertorio de creencias que buscan precisamente perpetuar su existencia. Si pierdes tus instintos, te vuelves un animal doméstico.

Para tomar consciencia y despertar, hemos de reinventarnos. Reinventarte es mucho más que cambiar de trabajo, emprender un negocio o estudiar otra carrera. Eso puede ser una consecuencia razonable y necesaria del proceso, pero su núcleo es más profundo. Reinventar es volver a inventar, lo que quiere decir que ya existe algo. Parece una obviedad, ¿cierto? La cuestión es la siguiente: ¿ese algo que ya existe es tu verdadero yo? ¿Es tu versión expandida, auténtica, real?

Si has iniciado un proceso de cambio porque crees que no estás alineado con tu verdad interior, si no sientes paz, la respuesta es no. Lo que es, fluye.

Reinventarse significa volver a ti, recordar quién eres y elegir quién puedes ser a partir de hoy. Reinventarte conlleva regresar a tu estado natural, a ese estado de niñez sin condicionamientos, sin creencias, para reconocerte, pasando de la apariencia a la esencia, del personaje al ser. Es necesario olvidar lo que otros te dijeron o te hicieron creer. Lo mejor que puedes hacer es dejarte ser.

Haz una pausa. Intenta permanecer unas cuantas horas solo, en silencio, sin hacer nada. ¿Te aburres? ¿Sientes incomodidad? ¿No puedes soportar el malestar? Toma consciencia de esa necesidad psicológica de rellenar huecos.

Reinventarse es un acto de amor. Usemos la técnica del descarte, empecemos por los noes para despejar el camino. Es justamente eso lo que no te deja ver con claridad tu destino.

2.2. ¿QUIÉN NO ERES?

El filósofo y escritor británico Allan Watts decía que «despertar quién eres implica dejar ir a quien imaginas ser».

Por eso, para saber quién eres, primero es necesario quitar todas esas capas —de las que hablaremos más tarde— que te has ido poniendo con el paso de los años. ¿Cómo se hace? Identificando quién no eres.

Vivimos en un estado permanente de carencia. Buscamos afuera. Acumulamos para satisfacer egoicamente nuestro vacío interior. Estamos programados biológicamente para sobrevivir, pero nuestro potencial es infinitamente mayor: no estamos aquí únicamente para sobrevivir, sino para aprender, crecer, florecer y evolucionar con el fin de expandir nuestra consciencia, que se despliega sobre sí misma. Somos vida, seamos conscientes, vivamos despiertos.

Nacemos siendo personas, o eso nos hacen creer. La palabra *persona* viene del latín *persōna*, que significa 'máscara' o 'personaje'. Al crecer alimentando una versión limitada o artificial, alejada de nuestra verdadera naturaleza espiritual, acabamos viviendo la experiencia humana de manera superficial: nos acabamos creyendo que somos lo que no somos. En realidad no tenemos ni idea de nuestro verdadero yo. ¿Te atreves a quitarte el disfraz?

Tu apariencia es un «yo fabricado», tu ego, tu personalidad, lo que llamamos identidad, ese personaje que has creado para protegerte del mundo a partir de un sistema de creencias heredadas que te has creído y a partir de las cuales has construido tu vida actual. Es un avatar que nace de una construcción mental.

Esa es la causa de tu frustración, de que te sientas perdido, desmotivado. No eres fiel a ti mismo. No estás nutriendo tu alma. No eres feliz porque no vives tu vida con autenticidad y en sintonía con tu ser. Tu vida no está alineada contigo mismo ni conectada con tu esencia.

Tu esencia es tu «yo genuino», tu ser, esa versión auténtica y potencial de ti con la cual logras conectar cuando trasciendes el personaje, esa que está escondida tras capas y capas de condicionamientos. Si has creado tu vida desde la apariencia, ¿te imaginas la que podrás crear desde tu esencia? Y en otra escala mayor: si hemos creado la realidad que conocemos desde el personaje, ¿te imaginas el mundo que seremos capaces de co-crear desde el ser colectivo?

Una nueva Era se avecina. Nuestra misión es conectar con la esencia. No es posible si seguimos siendo esclavos de la mente, si seguimos negando nuestro ser y no nos hacemos cargo de nuestra dimensión inconsciente, que también forma parte de nosotros. Somos mucho más. Tu alma ya sabe lo que tu mente trata de hacerte olvidar.

Cuando te identificas con el personaje, no te dejas ser. Cuando no te dejas ser, no te dejas conocer porque en realidad ni tú mismo te conoces. Y no te muestras al mundo. Si no te muestras, ¿cómo vas a abrirte a la vida y florecer?

Todo aquello con lo que te identificas te impide ser de otra manera, por eso, cuando te defines con una etiqueta, vives una vida limitada. Cuando te identificas, por ejemplo, con un cargo laboral, tu mente se cree que eres eso y no te das permiso para ser nada más. De ahí que te cueste tanto reinventarte. En la misma línea, si te identificas con un trabajo y el trabajo de pronto te falta, sientes que no eres nada. Entonces entras en un estado depresivo: sientes el vacío existencial, la soledad, el aburrimiento. Es lo que muchas personas de la generación de nuestros padres y abuelos sufrieron al jubilarse. De pronto su vida dejó de tener sentido. Y esto es una señal inequívoca de que vivimos desconectados de nosotros mismos, enchufados al mundo tangible y material, una enfermedad de la que muchos mueren mientras viven y que muchos otros sufren desgraciadamente a lo largo de su vida, por eso la necesidad obsesiva de estar siempre ocupados.

APARIENCIA

IDENTIDAD

PERSONAJE

EGO

EGO

YO FABRICADO

ESENCIA

CONSCIENCIA

YO GENUINO

SER

CORAZÓN

IGNORANCIA

EGO

EGO

PERSONALIDAD

CREENCIAS

MENTE

No te identifiques con lo que haces. No eres tu mente. No eres tus miedos. No eres tu trabajo. No eres tu cuerpo. No eres tus acciones. No eres lo que piensas. No eres lo que otros piensan o esperan de ti. No eres tus patrones de conducta. No eres un título. No eres lo que has estudiado. No eres tu futuro ni tu pasado. No eres tus logros ni tus fracasos. No eres tu personalidad. No eres tu identidad. No eres tu apariencia. No eres tu personaje. Eres lo que habitas bajo todo esto, eres lo que hay dentro de ti.

Sigue rascando, sigue quitando capas para llegar a tu verdadera esencia. Es un viaje regresivo. Seguiremos trabajando en este asunto cuando hablemos de mentalidad y creencias.
Eres lo que sientes cuando miras adentro, cuando apagas el zumbido mental y activas el corazón. Cuando escuchas tu voz

APARIENCIA	ESENCIA
YO FABRICADO (EGO)	YO GENUINO (SER)

interior, tu intuición, conectas con la emoción y afloran los sentimientos. La cultura, la educación, las religiones, como sistemas de control y adoctrinamiento, matan la conexión, bloquean nuestra capacidad perceptiva marcando límites conceptuales que inhiben tu ser y obstaculizan tu poder.

El ego no se elimina, se domina. Aprendes a controlarlo cuando lo identificas. Cuando te relajas, cuando bajas el ruido de tu mente, tu esencia aflora. La intuición nunca miente, la mente sí. Cuando conectas con la calma, desnudas tu alma. Es entonces cuando se produce el reencuentro. Confía en lo que sientes para recordar quién eres, todo lo demás forma parte del personaje.

2.3. DEJAR IR

No atraes lo que quieres, atraes lo que eres. Y lo que precisas para seguir evolucionando. Atraes a tu vida aquello que eres capaz de darte a ti mismo y todo aquello que de algún modo puede revolucionar nuestro mundo. Por eso es tan decisivo dejar de luchar contra la vida y empezar a cultivar la aceptación. Lo acepto y lo suelto. Si algo te aleja de ti, mejor dejarlo ir, ¿no crees?

¿Qué sucede cuando, de manera sostenida en el tiempo, no vibras con lo que haces y no vives alineado con lo que necesitas para sentirte bien y ser feliz? Estudias cosas que en realidad no te gustan, trabajas en lugares que para nada te agradan, te embarcas en relaciones profundamente amargas, etcétera.

Cuando no vives honrando tu verdad, te dejas llevar por la corriente, te identificas con la mente, que te hace creer que debes elegir tal o cual cosa según tu deseo personal, te convence de que lo necesitas o simplemente te manipula y tú caes en el engaño. Cuando te conoces, lo que quieres —deseo, mente, ego— y lo que necesitas —anhelo, consciencia, alma— se alinean: lo que quieres es justo lo que necesitas, de modo que, como te conoces en profundidad, te das justo lo que te hace sentir bien en cada momento.

Somos energía. La energía es vibración. *Vibrar*, del latín *vibrare*, significa 'moverse alrededor de una posición de equilibrio'. Cuando encuentras tu posición de equilibrio, vibras bonito y vives una experiencia de vida muy diferente. Todos vibramos en una determinada frecuencia. Y la vida te responde, con personas y situaciones que respaldan dicha frecuencia, creando una onda resultante de mayor amplitud. En física se llama «interferencia constructiva». Si estás leyendo estas páginas es porque resonamos en una sintonía similar. El mundo es vibracional: un mar invisible de frecuencias.

- Si vibras alto se establece una conexión con tu SER. Te sientes bien, alegre, centrado, motivado y con energía porque estás conectado con tu verdadera esencia (esto se traduce en un nivel alto de satisfacción).

- Si vibras bajo se establece una conexión con tu EGO. Te sientes mal, frustrado, reactivo, desmotivado y con poca energía, porque no vibras en sintonía con tu verdadera esencia (esto se refleja en un bajo nivel de satisfacción).

Es algo así como sintonizar una radio. Sintoniza la música que quieres escuchar, sintoniza con la energía que quieres manifestar.

Sin embargo, hay que saber que no siempre podemos tener la misma energía vital. La energía disponible va cambiando, todo en la naturaleza es cíclico. Los seres humanos también. A pesar de ello, podemos elevar nuestra vibración si aprendemos a protegernos y cuidar de nosotros mismos, es un acto de responsabilidad con uno mismo que impactará positivamente sobre tu autoestima, multiplicando tu entusiasmo por la vida:

- Primero: identifica lo que NO te hace feliz.
- Segundo: haz más de lo que SÍ te hace feliz.

¿Qué no necesitas para sentirte bien? Lo que no apartas, te termina apartando de ti. Limita lo que te limita, quita de tu vida todo aquello que te quita la alegría. Deja ir para dejarte ser. Es hora de soltar todo aquello que te mantiene estancado. Como dijo el filósofo chino Lao Tse: «Cuando dejo ir lo que no soy, me convierto en lo que podría ser. Cuando dejo ir lo que tengo, recibo lo que necesito».

¿Qué cosas te limitan? ¿De qué sueles quejarte? ¿Qué te frena? ¿Qué te agota? ¿Qué reduce tus niveles de energía? ¿Qué te desgasta? ¿Qué cosas te hacen sentir mal?

¿QUÉ NO NECESITAS PARA SENTIRTE BIEN? ¿QUÉ TE HACE INFELIZ?		
PERSONAS TÓXICAS	MALOS HÁBITOS	SITUACIONES LIMITANTES

Puede ser tu pareja actual, tus familiares, tu grupo de amigos, tus compañeros de trabajo, una mala alimentación, el exceso de televisión, la falta de descanso, la ausencia de ejercicio físico, tu jefe, tus creencias, las discusiones con tus padres, los números rojos en tu cuenta bancaria.

¿Cuáles son tus ladrones de energía vital? Ahora viene lo bueno: todo eso que de alguna forma distorsiona tu energía o te incomoda, es un reflejo de ti (Ley del Espejo). Los demás te ayudan a que puedas autotransformarte, a que observes aquellas partes de tu ser que no eres capaz de ver por ti mismo, cosas que es necesario que integres y trasciendas para crecer. Lo mismo ocurre con las situaciones que te limitan, por ejemplo, un trabajo en el que no vibras o un exceso de deudas.

Te puedes observar a ti mismo, entonces, desde los otros y desde las experiencias que vives. Todo lo que existe en tu vida te muestra tus miedos o resistencias internas —en muchos casos inconscientes— hasta que prestas atención, atiendes a tu diálogo interior y le pones intención. Negar solo refuerza aquello que no quieres ver. Es posible que estar en tu trabajo actual o haber acumulado tantas deudas no sea un reflejo de quién eres ahora, pero sí de esa otra versión de ti que te ha llevado hasta aquí.

Las personas con las que tratas —amistades, pareja— probablemente están en tu vida porque vibran o vibraban en tu misma sintonía, por eso hubo atracción mutua. Quizás lo necesitas o necesitabas para aprender algo. Los otros te ayudan a conocerte. Hay personas que sacan lo mejor de ti y personas que sacan lo peor de ti: eres ambas cosas, eres tus luces y tus sombras.

Por eso, la toxicidad es un concepto relativo, que se utiliza con frecuencia para delegar tu malestar en lo de fuera y no asumir tu responsabilidad: si detectas algo «tóxico» en tu entorno, es posible que estés atrayendo esa energía a tu vida porque es la misma energía que emana de ti. Si lo juzgas o lo reprimes, no lo integras. Acéptalo e identifica de dónde viene para resolverlo. Si no te gusta lo que atraes, revisa lo que emites.

2.4. ESO QUE TE HACE FELIZ

Ahora hagamos el ejercicio a la inversa: identifica todo aquello que sí necesitas para sentirte bien, aquellas cosas que elevan tu energía vital porque te conectan con la vida, con la alegría de vivir. Saberlo es el efecto irremediable de mirar hacia adentro, de conocerte y ser consciente de qué cosas te sientan bien.

«Me conozco, me comprendo y sé lo que necesito.» Cultivar este conocimiento es cosa tuya. Darte lo que necesitas es un acto consciente de autocuidado, autoconocimiento y crecimiento personal, que tendrá un implacable efecto positivo en tu día a día. Y en el manejo de tu ego: cuanta más energía, menos reactivo, más centrado.

¿Qué te potencia? ¿Qué te empodera? ¿Qué te ilusiona? ¿Qué aumenta tus niveles de energía? ¿Con qué personas te gustaría pasar más tiempo? ¿Qué crees que necesitas introducir en tu vida para mejorarla? ¿Qué te hace sentir vivo?

¿QUÉ NECESITAS PARA SENTIRTE BIEN? ¿QUÉ TE HACE FELIZ?		
PERSONAS NUTRITIVAS	BUENOS HÁBITOS	SITUACIONES POTENCIADORAS

Como en el caso de las personas tóxicas, las que te nutren y que has anotado en la tabla también son un reflejo de ti. Si ves algo «bueno» en alguien es porque tú también eres así. Aunque quizás ahora no lo veas o te cueste aceptarlo, no todo va a ser «malo». Si resuenan contigo (y viceversa), es porque vibráis en la misma frecuencia.

Ahora piensa: ¿Cuántas veces al mes hablas o quedas con esas personas? ¿Con qué frecuencia repites estas acciones en el día o en la semana? ¿Qué estás haciendo para implementar esas nuevas situaciones estimulantes y potenciadoras en tu vida? ¿Te imaginas el tremendo impacto que puede tener todo esto al cabo de un año?

No esperes a que te pasen cosas para ser feliz: ¡haz cosas para ser feliz! Haz más de todo eso que te hace bien. Empieza por pequeñas raciones diarias. Aumenta la dosis progresivamente, hasta que tu vida tenga una sobredosis de plenitud y bienestar.

¿Sabías que sonreír segrega la hormona de la felicidad incluso aunque estés triste? Con esto no quiero decir que finjas estar bien si no lo estás, sonreír no es sinónimo de felicidad, puede ser un maquillaje. El punto es que entiendas la capacidad del ser humano para alterar su biología. Como dice Steve Taylor: «No vivo en un estado de éxtasis permanente, pero siento dentro de mí un estado de bienestar al que regreso con facilidad, aunque atraviese dificultades».

¿Te das cuenta del enorme poder que tienes para producir endorfinas? Estos neurotransmisores no solo mejoran tu sistema inmunológico, sino que fortalecen tu corazón, relajan tu sistema muscular, liberan la tensión acumulada, mejoran tu estado de ánimo y fomentan la creatividad.

La clave de todo reside en la interacción entre el hipocampo y la amígdala en un proceso que se llama plasticidad sináptica, dos estructuras fundamentales de nuestro cerebro que forman parte del sistema límbico.

AMÍGDALA	HIPOCAMPO
Centro neurálgico de las emociones, es el detector de las amenazas externas: nos alerta de los peligros. Vivimos con la amígdala sobreestimulada. Cuando tu amígdala está activa, te sientes estresado, nervioso, inquieto, con menos resiliencia, con miedo. El problema de la amígdala es que percibe como amenaza tanto los peligros reales como aquellos creados por tu mente.	Es el principal regulador de la amígdala: cuando es pequeño, la amígdala enloquece; es por eso que existen químicos artificiales (los psicofármacos), cuya función principal es estimular el hipocampo. Sin embargo, también hay «métodos» naturales para estimularlo: ejercicio físico, meditación, buena alimentación, viajar, enamorarte, vivir alineado con tu propósito, etcétera.

En nuestro cuerpo existen cuatro químicos naturales. La investigadora Loretta G. Breuning, en *Hábitos de un cerebro feliz*, explica que «cuando tu cerebro emite uno de estos químicos, te sientes bien».

¡Hay que activar los químicos de la felicidad de forma natural! Pero existe un problema. Usar las tentadoras e impulsivas gratificaciones inmediatas —consumismo, atracones de comida, fiestas sin control, exceso de alcohol, de televisión, etcétera— para generar dopamina, la mediadora del placer. Obtenemos una satisfacción instantánea y a corto plazo. Cuando la sensación ilusoria de subidón se esfuma, volvemos a sentir el vacío, la necesidad, la carencia, la escasez. Gran parte de la industria y la publicidad utilizan este mecanismo y gracias a él mantienen su existencia.

DOPAMINA Mediadora del placer	OXITOCINA Hormona del abrazo
Metas «volantes» Dormir lo que necesitas Celebrar tus logros Recompensas Sorpresas Encontrar tu tribu Ejercicio físico	Meditar Dar abrazos Recibir abrazos Ser generoso Ser solidarios Ayudar a otros Sentirse querido
SEROTONINA Antidepresivo natural	ENDORFINA Morfina natural
Ser agradecido Ecoterapia Ejercicio físico Tomar el sol Recuerdos felices Recibir un masaje Comer sano	Bailar Cantar Reír Tener sexo Ver una película Escuchar música Comer chocolate

La droga de la mente es la inmediatez, lo que sumado a la expectativa truncada genera demasiada rigidez. La necesidad de control ocasiona una tensión que no es saludable y bloquea tu capacidad creativa y creadora. Si establecemos vínculos seguros, reales y saludables, aumentamos los niveles de oxitocina. Cuando elevas tu vibración y al mismo tiempo eliminas o reduces todo aquello que no vibra como tú, te liberas. El sentirte libre hace que tu vibración se expanda y ese cambio interno atrae a tu vida cosas nuevas.

A medida que te vayas expandiendo, personas y situaciones de tu entorno se irán. Déjalos ir, personas y situaciones afines irán apareciendo. Te encontrarás con experiencias en sintonía con tu vibración. Las condiciones de tu entorno, ahora más favorables, se irán amoldando a tu nueva frecuencia.

Hay que vibrar alto, mantener la frecuencia al máximo para disolver las limitaciones de la mente y el ego, para alcanzar un nuevo estado de consciencia.

Todo lo que experimentas es una proyección de ti. Poco a poco adviertes que el mundo es una manifestación de lo que te sucede por dentro.

Estamos viviendo en el mundo un despliegue energético. Nos adentramos en una nueva etapa de exaltación de la libertad, la creatividad y el amor. Cada vez más personas están asumiendo su responsabilidad individual para ejercer un cambio, sumando esfuerzos por el bien común, personas que se sienten realizadas al cumplir (por fin) con su misión.

En lugar de tratar de encajar, déjate ser quien eres. No te adaptes a lo que no te hace bien. Nunca encontrarás la paz siendo infiel a ti, traicionando tu verdad interior. Si quieres cambiar tu vida, empieza por cambiar tu vibración. ¿En qué estás enfocando tu energía?

Atención > Intención > Manifestación

La atención (foco) con intención (acción) genera manifestación (realidad)

Igual que no puedes dar si no tienes, no puedes recibir si no entregas. Donde pones la energía, pones la intención como paso previo a la manifestación. Cambia tu foco de atención, pon tu energía en la solución.

Y finalmente, acepta que todo está bien, que cada cosa en tu vida forma parte de tu proceso consciente de cambio y apoya la evolución que estás experimentando. Recuerda: aceptar lo que es reduce el desgaste mental y la fatiga emocional y multiplica tus suministros de energía.

No esperes a ser feliz para vivir: vive para ser feliz. Elige estar donde puedas ser. La vida siempre te da lo que necesitas. Cuando estás centrado y dejas que todo fluya, el universo conspira a tu favor.

2.5. VIVE TUS EMOCIONES

Un día te duele el alma y al día siguiente te levantas de la cama con ganas de comerte el mundo. Así es la vida. Tu alma te habla a través del cuerpo, su lenguaje son las sensaciones y las emociones. No existe mejor indicador para saber si vas por el camino adecuado que tu intuición.

Si experimentas calma, sosiego, serenidad y amor es porque estás actuando en sintonía con tu ser. Si, por el contrario, experimentas angustia, malestar, desazón y miedo, es porque no lo estás haciendo. ¿Cómo te sientes?

Tu cuerpo se comunica contigo. Si prestas atención a las señales que te manda, desde las más densas a las más sutiles, serás capaz de comprender lo que necesitas para crecer, sentirte bien y vivir feliz conforme a tu esencia.

A través de la consciencia corporal y la escucha activa del cuerpo puedes encontrarte contigo mismo. El problema es que vivimos distraídos en el ruido de la mente racional, perdidos en lo de fuera, y no nos damos cuenta de lo que el cuerpo quiere comunicarnos. Nos han condicionado para esconder lo que sentimos, para ocultar lo que somos. Vivimos reprimidos. Como somos incapaces de escucharnos, emprendemos caminos errados que a fin de cuentas necesitamos recorrer para aprender y evolucionar. Podemos reinventarnos desde la dictadura del hacer y la cultura del tener, basándonos únicamente en la deducción lógica, el razonamiento y el análisis, pero eso producirá una profunda disonancia con nuestro verdadero ser.

Se trata del eterno dilema mente-cuerpo. Difícilmente podrás conocerte y reinventarte sin conectar con el hemisferio derecho del cerebro, la percepción sensorial, la conducta emocional (facultad para expresar y captar emociones) y la propia intuición. Toda emoción es funcional, pues nos da información útil para desarrollar nuestro potencial y nos ayuda a integrarnos en nuestro entorno social, hasta que deja de ser adaptativa y se convierte en una reacción exagerada o sin sentido. Por ejemplo, la tristeza es funcional, la depresión no; el miedo es funcional, el pánico no; la alegría es funcional, la euforia no; el arrepentimiento es funcional, la culpa no.

Somos niños inmaduros sin inteligencia emocional en cuerpos adultos. La intensidad del dolor nos impide acercarnos a la emoción. Si no conectamos con nuestro dolor, tampoco podremos conectar con nuestra alegría. Sentirte mal es normal, es una oportunidad para sacar todo aquello que no te deja ser y que te impide fluir.

Seguro que de pequeño te dijeron o escuchaste alguna vez aquello de «no llores, que te pones feo». Es uno de los abundantes mensajes nocivos de nuestra cultura inflexible: «Si me muestro tal y como soy, seré rechazado». Muchos pseudogurús occidentales lanzan titulares comerciales que nos alejan de nuestra forma natural de ser: «Controla tus emociones, domina tu destino». Su mensaje nos obliga a alterar bruscamente nuestro sistema nervioso. La necesidad de control (ego) nos genera confusión y estrés. Esa dureza es antinatural. La mente se relaja, genera dopamina y por eso te sientes bien, pero es una sensación momentánea, artificial. No es real.

¿No es más fácil llorar cuando estás triste, mostrar rabia cuando sientes miedo o hacer una pausa si te notas cansado? Ojalá me hubieran dicho esto hace años.

El cuerpo pide descanso. Y no hablo solo de dormir. No es posible vivir con plenitud sin comprender y aceptar tu mundo sensible. Por tanto, la mejor manera de gestionar tus emociones es sencillamente viviéndolas. Entregándote a ellas. Sintiéndolas. No hay trucos. No puedes elegir lo que sientes en cada momento, pero sí qué haces con ello.

¿Qué haces con lo que sientes?
- OPCIÓN A: intento no sentir (huyo).
- OPCIÓN B: me juzgo por sentirlo (me quejo).
- OPCIÓN C: me expreso (lo acepto y me libero).

¿Eres víctima u observador?
Si huyes o te quejas, no solucionas nada. Evitar el dolor, rechazar una emoción desagradable o luchar contra ella la alimenta. E incrementas el malestar. Sentirte mal no es malo, lo malo es la evitación experiencial: esa es la primera «trampa de la felicidad», según Russ Harris, autor de un bestseller del mismo

nombre. Evitar el dolor es la principal causa de tu sufrimiento porque lo niegas, y al negarlo, lo perpetúas. Cuando lo aceptas, lo integras y lo trasciendes.

Cuando te das permiso para sentir y experimentar con libertad, sin desterrar ninguna emoción de tu narrativa emocional, no solo conectas con tu autenticidad, mostrándote tal y como eres, sino que das permiso para que otros también lo hagan y muestren su singularidad. Esto lo percibo cada vez que comparto lo que pienso y expreso lo que siento a través de mis redes sociales. Muchos empatizan y lo agradecen.

Date permiso. Manifiesta lo que experimentas, vive tus emociones. No es más feliz quien más sonríe, sino quien menos se miente. Lo único que te impide liderar tu vida es tu mente. Al respirar profundamente, la mente se calma. Es necesario calmar la mente para conectar con la emoción a través del cuerpo.

El oxígeno es la medicina del cerebro. Para bajar el ruido mental, personalmente me va muy bien salir y conectar con la naturaleza. Sacar a mi mente a pasear. Tomarme un café conmigo mismo, un café terapéutico en mi rincón para no pensar y volver a equilibrar mi mundo interno con la vida. Sin etiquetar la vivencia, sin comparar la experiencia: sencillamente, ser, estar y observar.

Busca tu rincón para «no-pensar»: puede ser tu habitación, tu terraza, el jardín, un parque, una plaza, la montaña. Conectar con el silencio a través de la respiración consciente es una potente herramienta de autoconocimiento. Gracias a ello encuentras quietud en medio del caos, serenidad en medio del desorden, lo que los japoneses llaman *seijaku*: tu libertad interior. En la quietud te encuentras. Baja de revoluciones.

Deja de mirar afuera. Recuerda: tu esencia aparece cuando el ruido desaparece. Y para aflojar ese ruido no necesitas ponerte a meditar, cualquier actividad cotidiana que realices de manera consciente, con presencia plena, te permitirá conectar contigo y te llevará a un estado meditativo: dibujar, cocinar, darte una ducha, componer, pintar, tocar un instrumento, hacer manualidades, leer, practicar yoga, etcétera. Se puede meditar de muchas maneras.

¿Qué te ayuda a ser observador? ¿Qué te lleva a un estado de contemplación? ¿Qué te permite estar presente? ¿Qué haces para ser, para volver a ti? ¿Qué te centra? ¿Qué te activa? ¿Qué te relaja? ¿Qué te llena de energía? ¿Qué recursos o herramientas te ayudan a conectar con la emoción, con esa maravillosa sensación de sentirte vivo?

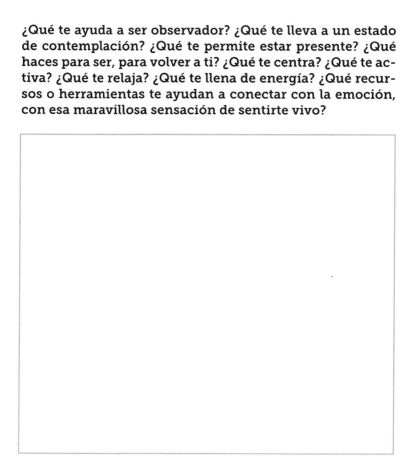

Encuentra la capacidad creativa innata que te conecta con tu ser. Usa lo que anotes en este cuadro cada vez que te pierdas, cuando adviertas que estás descentrado o alterado y necesites retornar a tu centro. Incluso mucho antes. No esperes a sentirte desconectado, si lo implementas como un hábito, te sentirás mejor, más relajado, en conexión contigo mismo.

A mí, por ejemplo, me funciona la fotografía como práctica terapéutica que además me permite desarrollar mi capacidad creativa innata. Utilizo mi cámara de fotos no solo como forma de expresión artística, sino también como herramienta para volver a fluir cuando me desconecto. Cuando mi situación familiar era insostenible, me iba con el coche a las afueras. Había una zona preciosa cerca de mi casa con un lago y unas vías de tren abandonadas. Se me pasaban las horas tirando fotos, me aliviaba. Escribir es otra potente herramienta que me ayuda a conectar.

Son recursos gratuitos al alcance de cualquiera. ¿Qué es eso tan placentero y liberador que cuando lo haces fluyes sin miedo, se te pasa el tiempo volando y te olvidas de todo lo demás? Es lo que el doctor Mihály Csíkszentmihályi llama el «flujo o estado de *flow*»[2]. Te sientes como pez en el agua. Cuando lo haces, eres... porque fluyes.

Encuentra tus propias herramientas para calmar la mente y reconectar contigo. Respirar, escuchar el silencio o caminar descalzo, hundiendo tus pies desnudos en la hierba mojada mientras el sol te acaricia la piel también puede servirte. Experiméntalo.

La cabeza piensa, el alma sabe. Conectas con la emoción a través del cuerpo. Al conectar con la emoción, activas tu calma. Anclar tu mente al presente te permite ser consciente de tu tremenda plenitud. No hay más razón que la que emana de tu intuición, no existe más verdad que la que dicta tu corazón. Escúchate en silencio.

Cuanto más te vayas alineando contigo mismo, más energía y vitalidad irás sintiendo. Recordarás. Por eso es tan importante hacer lo que te motiva cada día, hacer más de lo que te llena, porque te conecta contigo. Eso también es amor propio. Al darte lo que necesitas, el miedo irá perdiendo relevancia. Y el camino se hará mucho más fácil.

2.6. AL RINCÓN DE SENTIR

Vivimos bajo un hechizo de argucias que ni tan siquiera imaginamos, pero que de algún modo intuimos. A medida que vamos despertando, somos más conscientes de ellas.

La desconexión emocional es un recurso inconsciente muy habitual para no sufrir, es un mecanismo de defensa. Es por

---

2 Propuesto en 1975, este concepto es uno de los pilares de la psicología positiva.

eso que muchos procesos de autoconocimiento y reinvención profesional no culminan exitosamente, al igual que una enorme cantidad de emprendimientos, porque se manejan únicamente desde la cognición olvidando una parte fundamental de la ecuación: la emoción.

Salir del armario emocional implica pasar de la mente al corazón. Como ya hemos visto, esto significa darte permiso para sentir, ser, expresar tus emociones y conectar con tu mundo interior.

Te has pasado buena parte de tu vida escondido, viviendo una experiencia que nada tiene que ver contigo y tu potencial, y por eso no eres feliz ni te sientes bien. Abandona la rumiación mental por un momento. Una mente que funciona mecánicamente no piensa ni siente.

Hay preguntas que sanan, preguntas que planteadas en un momento de quietud te ayudan a cambiar tu mirada y a adquirir un nuevo nivel de comprensión. Generalmente las evitas porque son un fastidio para tu ego. Hasta que ya no queda otra. Con el tiempo, te vas dando cuenta de que todo eso era necesario, que sin alejarte de ti posiblemente no te hubieras echado de menos.

Ahora relájate y respira. Busca un espacio tranquilo, crea un ambiente amable. Ponte un mantra de fondo. Puedes usar las frecuencias solfeggio, que son vibraciones emocionales usadas tradicionalmente en el canto gregoriano. Son frecuencias que penetran profundamente en la mente para calmarla. Es música medicinal.

Cierra los ojos, calma la mente, siente tu presencia, conecta con la plenitud. Inspira por la nariz, hincha tus pulmones, aguanta tres segundos y suelta el aire por la boca. Repítelo tres veces. No lo pienses, siéntelo. Y responde a las siguientes preguntas con el corazón, desde la intuición. La mente siempre es una barrera para escucharla, por eso tenemos que aprender a apaciguarla. Si no sabes qué responder, no lo hagas. La falta de respuesta es también una respuesta.

1. ¿SEGUIRÍAS HACIENDO LO MISMO QUE HACES AHORA DENTRO DE CINCO O DIEZ AÑOS?

☐ Sí　☐ No　☐ No lo sé

2. ¿QUÉ TE ATREVERÍAS A HACER SI SUPIERAS QUE NO PUEDES FALLAR?

3. ¿QUÉ HARÍAS SI TE QUEDASEN SEIS MESES DE VIDA?

4. SI TE DIERAN UN MILLÓN DE EUROS, ¿EN QUÉ LO INVERTIRÍAS?

5. SI EL DINERO NO FUERA UN «PROBLEMA», ¿A QUÉ TE DEDICARÍAS?

6. SI HOY FUERA EL ÚLTIMO DÍA DE TU VIDA, ¿QUÉ HARÍAS?

7. ¿HACIENDO QUÉ COSAS TE OLVIDAS DEL MUNDO?

8. ¿QUÉ HARÍAS SI TUVIERAS EL «ÉXITO» GARANTIZADO?

9. ¿QUÉ HARÍAS SI NO TUVIERAS MIEDO?

10. ¿PARA QUÉ TE LEVANTAS DE LA CAMA POR LAS MAÑANAS?

11. ¿QUÉ TE HACE SENTIR LIBRE, FELIZ Y PLENO?

«CUANTO MÁS LEJOS DE NOSOTROS ESTAMOS, MÁS MIEDO TENEMOS.»

Zab G. Andrade

3. ATRÉVETE A SER

EN ESTE CAPÍTULO...

> Vamos a ver cómo pasar de la apariencia a la esencia. Al conectar contigo mismo, sintonizas con la vida. Lo que cultivas en ti, florece en el mundo.

3.1. LUCES Y SOMBRAS

Cuando somos conscientes de quiénes somos, nuestro «yo genuino» se expande y crece. Cuando niegas tu sombra, niegas tu luz. El mundo está menos oscuro si te iluminas tú.

Encender una bombilla en una colina bañada por la luz no sirve de nada, pero si esa misma bombilla la empleas en un sótano oscuro, no solo verás la bombilla iluminada, sino también todo lo que hay alrededor, antes sumido en las sombras. No temas bajar al sótano oscuro, a tu inframundo. Tarde o temprano todos lo terminamos haciendo. Es incómodo. Duele, pero es necesario.

Si no tomamos consciencia de la dialéctica de los opuestos, nos estancamos. El propósito del ser humano es la integración consciente de los diferentes aspectos del ser para lograr una convivencia más pacífica, es decir: reconocer, aceptar e integrar su polaridad para lograr un sentimiento de unidad y plenitud. Es lo que Carl Gustav Jung, fundador de la psicología analítica, denominó «individuación»: el proceso de diferenciación y particularización de la propia esencia, el desarrollo alquímico del sí mismo de cada sujeto.

Paradójicamente, cuanto más avanzas en tu individuación, más te sientes parte del todo. Esta es la esencia de la nueva Era de Acuario en la que nos estamos introduciendo: la búsqueda de tu identidad individual, porque desarrollando la propia esencia es como se transforma el todo. Y las cosas a nuestro alrededor está cambiando porque cada vez más individuos como tú están evolucionando.

En esta nueva Era se valoran las comunidades, la colaboración, la solidaridad, el talento, la creatividad, y no se olvida que dentro del grupo hay individuos que brillan con luz propia, que el sistema ya no podrá devorar. La polaridad de Acuario es Leo: el gran reto es vivir su individualismo dentro del sentido de unión y fraternidad para integrar la polaridad leonina en acuario.

Jung dice que «La iluminación no se logra imaginando figuritas de luz, sino haciendo consciente nuestra oscuridad». Podemos entenderlo como un proceso natural que comprende tres grandes fases y que, en parte, nos sirve para resumir algunas ideas y conceptos que venimos comentando:

1. **Desidentificarte del personaje** que llevas años interpretando. Trascender la ilusión de identidad ficticia y engañosa. Dejar ir todo aquello que no eres pero que te has creído que eres y que has utilizado para crear tu vida. Esta es la parte más costosa.

2. **Integrar tu sombra.** Hacer consciente tu oscuridad, aquellas partes de ti que ignoras, ocultas o no terminas de aceptar por considerarlas «negativas». Lo que reprimes, te exprime. Al conectar con tu sombra, ya no proyectas tus miedos en los demás, ya no te asustan las sombras de otros. Existen muchas herramientas que nos ayudan a desgranar todo esto, como la astrología psicológica, por ejemplo. Cuando vivas alguna situación concreta que te genere malestar o incomodidad, pregúntate: ¿para qué tengo que experimentar esto?, ¿qué no estoy aceptando?, ¿qué necesito integrar?

3. **Encender tu luz.** Verás todo con más claridad. Escucharás más fácilmente tu voz interior, tu intuición. Te darás la oportunidad, con humildad y sabiduría, de poner foco en todas aquellas partes de ti que te permitan evolucionar y seguir expandiendo tu consciencia en este proceso evolutivo.

APARIENCIA

1
DESIDENTIFICARTE DEL PERSONAJE
PARA TRASCENDERLO. QUITARTE CAPAS, SOLTAR Y DEJAR IR

2
INTEGRA TU SOMBRA
TODO AQUELLO QUE IGNORAS. ¿QUÉ NO ESTÁS ACEPTANDO?

3
ENCENDER TU LUZ
PARA BRILLAR. AL HACERLO LO VERÁS TODO CON + CLARIDAD

ESENCIA

Recuerdo perfectamente la primera vez que Ana, mi compañera de vida, me dijo que era muy intenso. Apenas llevábamos un par de meses de relación. No pude disimular mi reacción egoica: «¿Yo? ¿Intenso? ¡Qué dices!». Mi primer impulso automático fue rechazarlo. Me molesté un poco. «Cómo puede decirme eso, si la intensa es ella», pensé. Sin embargo, mi energía escorpiana era tan evidente que negarlo era una necedad. Obviamente, me estaba haciendo de espejo. Con el tiempo, del rechazo pasé a la aceptación hasta que finalmente pude integrarlo.

A menudo, nuestro malestar o bloqueo emocional nace del rechazo a lo que ya somos. Recuerda que cuando hablamos de «cambiar», no queremos decir ser alguien diferente, sino más bien aceptar todo aquello que no ves y dejar de ser todo aquello que no eres, solo así puedes ser fiel a ti, honrando tu naturaleza y viviendo una experiencia de vida mucho más auténtica y profunda.

El ego se resiste al cambio. ¿Cómo lo hacemos, entonces?

3.2. DE LA APARIENCIA A LA ESENCIA

En este viaje hacia el centro de ti mismo, no se trata de buscar voluntariamente tu esencia, porque la mente interferiría, sino más bien de, en un acto de amor, quitar la apariencia para que así pueda aflorar tu ser.

¿Y esto cómo se hace? Tomando distancia. Asumiendo el papel del observador. Repite: «no soy mi mente». Yo utilizo un recurso muy sencillo: hago una ODA (Observar / Darse cuenta / Aceptar).

1. **Obsérvate.** Sin emitir juicios ni oponer resistencias. Aminora el ritmo. Introduce espacios de pausa, silencio y observación. Detente y respira: entra en un estado de contemplación que te permita salir de la tormenta mental.

2. **Date cuenta.** Ponle consciencia a lo que experimentas para calmar la mente. Trata de vaciarla. A mí me funciona, por ejemplo, escribir todo lo que voy sintiendo. Puedes ejercitar este «darte cuenta» a través de la meditación, un paseo, practicando algún deporte, caminando descalzo (con los ojos cerrados, si te apetece) o simplemente «estando». Al estar, eres. Cuando disfrutas de lo que haces mientras lo estás haciendo, llevas la mente al presente, vives con plenitud el momento.

   Darte cuenta, a partir de la autoobservación, significa ser consciente de cuándo reaccionas de manera impulsiva. Por ejemplo, cuando te enfadas si cambian tus planes o cuando juzgas, criticas o te comparas, cuando no toleras la incertidumbre, cuando te quejas. Cualquier cosa que te altere o perturbe, te aleja de ti. Esa reacción automática es tu ego. No se trata de no caer en sus redes, sino de tomar consciencia cuando eso sucede y aprender a manejarlo adecuadamente para que no te maneje a ti.

3. **Acepta.** Confía y suelta tus expectativas. El mejor estado para ser es estar tranquilo, haciendo a un lado el culto a la velocidad, tan de moda en Occidente. Puede que esto te cueste al principio, pero si lo vas incorpo-

rando como un hábito, lo irás integrando en tu día a día. Cuando lo haces y te entregas, logras redimirte.

Ahora trabajemos en tu volición. ¿Cuál es la intención que hay detrás de tus pensamientos, emociones y actos?

Por lo general, estamos tan desconectados que pensamos una cosa, sentimos otra y terminamos haciendo algo totalmente diferente. Esta incoherencia genera frustración.

Trabajar en tu volición es un aspecto fundamental del autoconocimiento. Te ayudará a crear armonía entre lo de dentro y lo de fuera, ya sabes, a pensar, sentir y actuar en la misma dirección.

PENSAMIENTOS	EMOCIONES	ACCIONES
¿En qué piensas? Observa e identifica tus pensamientos	¿Cómo te sientes? ¿Qué sientes? Observa e identifica tus emociones	¿Eres consciente de tus acciones? ¿Controlas tus reacciones?
¿Cómo interpretas tus pensamientos ante una situación incómoda?	¿Cómo interpretas tus emociones ante una situación incómoda?	¿Actúas como quieres o de forma impulsiva? ¿Qué quieres hacer, en realidad?
¿Eres capaz de regular tus pensamientos?	¿Eres capaz de vivir tus emociones? ¿Cómo las expresas?	¿Actúas de una manera consciente, alineando tus emociones y tus pensamientos?
¿Cómo influyen en tu día a día? ¿Condicionan tu vida?	¿Cómo influyen en tu día a día? ¿Condicionan tu vida?	¿Cómo influyen en tu día a día? ¿Condicionan tu vida?

Haz consciente lo inconsciente para cambiar todas esas reacciones impulsivas (actitud reactiva) por intenciones voluntarias (actitud proactiva). Es la manera de pasar de la apariencia a la esencia, del yo fabricado al yo genuino, del ego al ser.

¿Quién crees que eres? ¿Quién sientes que eres realmente? Responde con sinceridad. Todos en algún momento dejamos de ser lo que somos para fingir algo que nunca seremos.

APARIENCIA	ESENCIA
Escribe lo primero que te viene a la cabeza, sin pensarlo mucho.	Calma tu mente (después de meditar) y escribe lo primero que sientas.
Yo fabricado (ego)	Yo genuino (ser)
Yo soy	Yo siento
¿Quién crees que eres? ¿Cómo te ves?	¿Quién sientes que eres realmente?

3.3. MÁS JUGAR, MENOS JUZGAR

Al crecer, dejamos de jugar y empezamos a juzgar. El juicio nos desconecta de nosotros mismos, de los demás y de la vida. Alimenta la ilusión de separación. Por eso, crecer es una trampa cuando lo hacemos sin consciencia.

En realidad, nunca dejamos de ser niños que juegan. Y es que de eso se trata. En palabras del maestro Alejandro Jodorowsky, que, entre otras cosas, es el creador de la psicomagia, «Lo único que deseamos es crecer hasta llegar a ser un niño que, digan lo que digan, juega a lo que quiere».

Te propongo que reflexiones sobre las preguntas que figuran en el siguiente cuadro:

PASADO	PRESENTE	FUTURO
Qué niño fuiste	Quién eres ahora	Adónde vas
¿A qué le tenías miedo? ¿Cómo te sentías en el colegio? ¿En qué destacabas? ¿Cuál era tu juego favorito? ¿Cómo eras antes de convertirte en un avatar? ¿Tuviste una infancia feliz? ¿Por qué?	¿A qué le tienes miedo? ¿Cómo te sientes en el trabajo? ¿En qué destacas? ¿Cuál es tu pasatiempo favorito? ¿Cómo crees que serías sin esa careta? ¿Sientes que tienes una vida adulta feliz? ¿Por qué?	Hoy se construye tu mañana. Olvídate del futuro y libérate del pasado para vivir tu presente sin ataduras, con plenitud. ←

Deja que tu niño interior aflore, juegue y disfrute. Recupera esa inocencia infantil con tu consciencia madura y evolucionada. Es la última de las transformaciones del espíritu de las que habla Friedrich Nietzsche en *Así habló Zaratustra*: el niño es capaz de decir sí a la vida, para amarla y disfrutarla, en lugar de juzgarla y racionalizarla.

Desde pequeños nos enseñan a negar nuestra esencia. Nuestros dones son silenciados. No nos educan para ser más inteligentes ni más sabios. Nos domestican para ser usados, para ser funcionales al sistema.

Educar viene del latín *educere*, que significa 'acompañar' o 'guiar' al niño para que saque lo que lleva dentro. En el colegio no te enseñan a valerte por ti mismo, no estimulan tus facultades creativas o tu capacidad de liderazgo, no te acompañan para que vivas tus emociones, descubras tus talentos innatos y liberes tu potencial. La escuela actual no educa porque no está al servicio de la evolución humana: responde a las necesidades del sistema económico, no del individuo. Se fabrican empleados. Te enseñan a obedecer. Se busca la estandarización. En 1903, John D. Rockefeller, empresario e industrial estadounidense, fundador de la Junta General de Educación, se expresó de manera que no deja lugar a dudas: «No quiero una nación de personas inteligentes, quiero una nación de trabajadores».

Crecer es olvidar, poco a poco, para qué estamos en este mundo. Morimos sin saber quiénes somos. Ese es el verdadero drama. Te acostumbras a vivir desconectado. Te da miedo sentir y no eres consciente de tus emociones, vives condicionado por patrones mentales inconscientes que determinan tu percepción de la realidad. Y con ello, tu comportamiento. Juegas al escondite contigo mismo. Esconder tu fragilidad te vuelve vulnerable.

La sociedad del selfie oculta su infelicidad detrás de frases almibaradas y sonrisas blancas y brillantes. Existe una inclinación insana hacia la frivolidad, un interés inútil por los contenidos anodinos, una necesidad disfuncional de maquillar la realidad. De ahí que proliferen los profesionales impecables, el posturEGO espiritual y los influencers impolutos que venden imágenes inmaculadas, con vidas postizas, «perfectas», y editadas con filtros de Instagram que muchos envidian, aplauden y tratan de imitar.

El propio sistema se esmera por dar visibilidad a estos personajes que hacen apología de la mediocridad. No hay más que encender la televisión. Yo la apagué en 2015, justamente cuando empecé mi dieta hipoinformativa... Mano de santo. Fue uno de los actos más revolucionarios de mi vida.

Afortunadamente, eso de ocultar cómo nos sentimos tiene los días contados. Ya forma parte del pasado, del viejo paradigma. Lo real está de moda. La autenticidad está en auge. Y esto es así porque la sociedad está cambiando. Es fruto de un gran trabajo interno: una revolución individual que consiste en conocerse, comprenderse y aceptarse.

Cuando no te conoces permites que otros dirijan tu vida, necesitas el refuerzo externo, vives por y para lo de fuera. Te quejas y asumes el papel de víctima: la vida te sucede y todo lo malo te pasa a ti. Si no eres consciente, das poder al juez interno. Te conviertes en un robot biológico, un autómata que simplemente obedece órdenes. Cuando eso pasa, empiezas la casa por el tejado, una inestable vivienda de alquiler que no se sostiene por ningún lado. Ignoras por completo tu grandeza: vives en un castillo gigante pero no sales de tu cuarto. ¡Menudo desperdicio!

Vivimos alienados, buscamos respuestas superficiales. Dedicarte a ti mismo es el único camino fiable, tal y como estás haciendo tú ahora mismo. Ese es el punto de partida de un apasionante viaje sin billete de vuelta. No hay marcha atrás. Hay que ser muy atrevido para dar el primer paso. Por eso, muchas personas no lo dan hasta que la vida les da una bofetada en forma de desgracia, enfermedad, quiebra económica, ruptura sentimental, etcétera.

¿Cuál fue tu punto de inflexión? ¿En qué momento llegaste a estar saturado del sufrimiento? ¿Qué experiencias te han traído hasta estas páginas?

Seguramente a ti también te enseñaron a colorear sin salirte de la línea, no vaya a ser que al hacerlo descubrieras que eras un artista. Tu cabeza se fue llenando de pautas absurdas y doctrinas infranqueables que te impedían escucharte.

Acaricias tu alma cuando estás en calma. Por eso la «educación» industrial cultiva la agitación: es mental, se orienta a lo racional, a la memorización, al aprendizaje forzado. No estimula las emociones, la autoestima, la curiosidad, el pensamiento crítico. Aplasta así tu creatividad y con ello la conexión con tu esencia.

La clave está en conquistar tu libertad interior, trascender la mente, disociarte de tus pensamientos para no quedarte anclado en estados emocionales limitantes. Cuando te conoces y reconoces tu sombra y la aceptas, honrando tu verdad, admitiendo que eres perfectamente imperfecto, te liberas. Y conectas contigo mismo.

3.4. CONECTANDO CONTIGO MISMO

Cuando conectas contigo mismo, todo cambia. Si vives tu transformación personal y profesional con consciencia, acabarás experimentando con mayor presencia y coherencia tu proceso de cambio y la vida.

Cuando vivo conectado, fluyo con la vida y me siento bien, soy creativo, tengo confianza, gozo de vitalidad, reboso energía y asumo mi responsabilidad, en lugar de echar balones fuera, juzgar, criticar, reaccionar y culpar a otros de mi malestar. Desde esa frecuencia no podemos evolucionar.

Pasa tiempo consciente contigo mismo. Cada cual experimenta la vida según su propio nivel de consciencia, vive una realidad que se corresponde con su nivel de conexión, que puede ir cambiando. Por eso, las personas tenemos necesidades diferentes:

- Según el individuo (factor esencial): quién eres.
- Según el contexto (factor espacial): dónde te encuentras ahora.
- Según el momento (factor temporal): cómo te sientes hoy.

El alma se alimenta de experiencias, necesarias para crecer y desplegar todo su potencial. Si te resistes, te aferras a las creencias (no experimentas por ti mismo), te frustras y te bloqueas. Vives la vida de otros. Si lo aceptas y te dejas, incluso, «ayudar», aprovechas cada cosa que te sucede como una oportunidad. Vives tu vida.

Podemos conectar, a pequeña escala, aumentando en nuestra vida cotidiana la dosis de todo eso que te hace sentir bien y eleva tu energía vital, y a gran escala, desarrollando un proyecto de vida en sintonía contigo mismo y alineado con tu propósito profesional, del que hablaremos luego.

¿Haciendo qué cosas te sientes vivo? Al conectar contigo, activas tu estado de *flow* y conectas con la vida. Lo segundo es un reflejo de lo primero y pasas del «no sé qué hacer con mi vida» al «me dejo ser para sintonizar con la vida». Es así como se transforma tu realidad y lo colectivo. Tu cambio impacta en tu entorno y en el mundo.

NO SÉ QUÉ HACER CON MI VIDA

ME DEJO SER PARA SINTONIZAR CON LA VIDA

3.5. SINTONIZANDO CON LA VIDA

La sociedad no está dormida, ha estado sumida en un coma inducido durante mucho tiempo. Dominación, abuso, opresión, manipulación, desigualdad, sufrimiento. Todo lo que hemos experimentado como individuos y como sociedad ha sido un reflejo de nuestro propio aturdimiento. Es una evidencia que cada vez menos personas ignoran.

Se dice que la humanidad, fruto del terrible zarandeo sufrido en estas últimas décadas, está por fin despertando de su largo letargo. Cada vez somos más conscientes, somos consciencia, tan solo tenemos que recordarlo para volver a conectar con la esencia.

El mito de la caverna de Platón es una alegoría —un cuento filosófico—, que describe un mundo artificial y engañoso, en el que un grupo de personas «encadenadas», de espaldas a la realidad, viven atrapadas en una gran obra de teatro. Se conforman con esta vida limitada, viven como espectadores. No se dan cuenta de que existen otras realidades que podemos vivir como protagonistas. Es lo que en tiempos posmodernos se conoce como «vivir dormido» o enchufado a la Matrix.

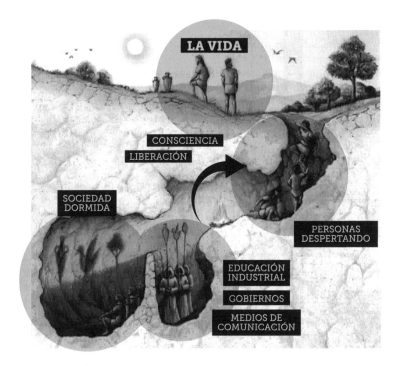

Hemos olvidado nuestra capacidad para elegir y decidir. La cultura industrial ha programado nuestra mente para hacer, no para sentir. Vivimos demasiado confusos, distraídos, hipnotizados. Esto genera conductas patológicas que nos alejan de nuestra naturaleza. Se nos ha hecho creer que no podemos detenernos, que no debemos bajar el ritmo, excepto cuando ya no podemos más y no nos queda más remedio que «desconectar». Entonces aparecen las herramientas de evasión y distracción que todos conocemos, recursos del mundo egoico para seguir alimentando nuestro yo fabricado.

Hemos confundido la vida con trabajo duro, control, rigidez, culpabilidad, ansiedad, escapismo, apegos, deudas y consumo, que usamos para aliviar momentáneamente nuestro malestar. Vivimos con preocupaciones y ocupaciones buena parte de la vida. Y todavía llamamos a esto «vida». Es normal, no conocemos otra cosa. Somos adictos al estrés, buscamos algo que hacer en todo momento. Es nuestra droga.

Hacer para no pensar, para no sentir, para no conectar con tu yo superior, oculto tras el disfraz que llevas puesto, bajo esa máscara que no te atreves a quitar de tu rostro.

Basta ya. Atrévete a vivir. Querer cambiar tu vida desde afuera no cambia nada, tan solo altera la forma. Tu vida es una proyección de ti mismo. Estamos aquí para tomar consciencia, al hacerlo sintonizamos con la vida. El reto es aprender a vivir desde el ser, no desde la esclavitud del hacer. Con la vida no se hace nada. La vida se vive dejando que nos viva. Entrégate a ella. Celebra que estás vivo.

3.6. DEL MIEDO AL AMOR

Cuanto más desconectados estamos, más miedo experimentamos. Pensamos que las «amenazas externas» superan nuestros recursos internos. Nos centramos en lo de fuera. No valoramos lo que somos. Y caemos en el autoengaño u otros mecanismos de supervivencia. El miedo es ausencia de amor. Somos amor, pero lo hemos olvidado. El miedo no te deja ser, es un gran muro de hormigón que no te deja ver con claridad. Al otro lado del muro te encuentras a ti mismo, se encuentra la vida en su máxima expresión.

Del inmenso catálogo de miedos, por citar algunos, señalamos:
- Miedo al fracaso (respuesta de evitación)
- Miedo a no ser lo suficientemente bueno (síndrome del impostor)
- Miedo a tomar decisiones (parálisis por análisis)
- Miedo al qué dirán (fobia social)
- Miedo a quedarte solo (apego)
- Miedo al cambio (temor a la incertidumbre)
- Miedo al miedo (pánico y ansiedad), etcétera

Estos miedos están relacionados con la baja autoestima, la falta de confianza, la escasez de autoconocimiento, las creencias arraigadas y las heridas de la infancia.

Cada emoción emite una vibración. El amor también, es el estado natural del ser. Todos nacemos sin miedo, el miedo lo aprendemos a medida que vamos creciendo.

El miedo es un estado artificial fabricado por tu cerebro (amígdala), una reacción psicofisiológica de adaptación. Su labor es protegerte de posibles «peligros» del mundo exterior (reales o imaginarios). Ahora bien, cualquier estímulo externo que no sea una certeza (algo nuevo o desconocido) puede ser considerado como un riesgo. Y no tiene por qué serlo. El miedo ve enemigos por todas partes. Es su función.

Cualquier proceso de cambio está cargado de incertidumbres, de ahí que sientas tanto miedo. Es por eso que el virus más mortífero es el miedo disfuncional, que nos aleja de la experiencia y el aprendizaje, que inhibe tu desarrollo personal. No hay nada más letal que caer en la resignación o dejar de vivir por miedo. Te das permiso para crecer cuando pasas del miedo (baja vibración) al amor (alta vibración), cuando dejas de estar asustado o preocupado (de forma permanente) para sentirte realizado, sereno, relajado, centrado. Pasas del nivel de supervivencia al nivel de sentido.

Es normal que surjan resistencias, pero a medida que avances, tu compromiso y tus ganas irán aumentando. La recompensa es energética: cuando te comprometes y te das lo que necesitas, te sientes bien. Y sentirte bien es adictivo, es como cuando comes algo rico por primera vez: ¡quieres más! Hasta que no te atreves a probarlo, no sabes lo rico que está.

Cuando te sientes bien, empiezas a tomar consciencia de los momentos en los que te sientes mal. Te das cuenta de que ese no es tu estado natural, porque sabes interpretar y traducir las respuestas fisiológicas que obtienes: sensación de agotamiento, pérdida de energía, estrés, malestar, etcétera.

El miedo te recuerda que la vida es incierta. Si te dejas dominar por él, en lugar de convertirlo en tu aliado, vivirás sometido, alimentando la dualidad y el conflicto. Cuando vives en modo supervivencia, identificado con el miedo, te crees todo lo que ves, todo lo que lees y todo lo que oyes. No usas tu capacidad de discernir. Te alejas del amor. El amor es el estado primigenio que te libera de todo temor.

No hablo de la visión idealizada, distorsionada y perjudicial del amor romántico al estilo Disney o de las películas de Hollywood. Me refiero al amor vibracional como fundamento universal. Todo lo que haces con amor acaricia tu corazón y también el del otro, disolviendo barreras inventadas por la mente. Cuando vives anclado en la queja, la crítica, la envidia, el victimismo, la soberbia, el lamento, la rabia, la vergüenza, la desconfianza, el odio, la inseguridad, la ignorancia, la frustración, vives en el ego.

Te empoderas de manera consciente cuando te dejas ser, cuando te identificas con el amor, la humildad, el altruismo, la neutralidad, la bondad, la compasión, la sensación de plenitud, el bienestar, la calma, la seguridad en ti mismo, la confianza, la serenidad, la madurez, la empatía, la sabiduría, la abundancia. Así le das un sentido a la vida.

Si te enfocas en lo que está «mal», perpetúas eso que está mal. Si te enfocas en ti mismo, manifiestas una nueva realidad. Cuando decides tomar las riendas de tu vida, dejas a un lado las quejas y los juicios y asumes tu responsabilidad, entiendes que, si bien hay cosas que no puedes cambiar, sí puedes cambiar tu manera de ver las cosas. Y tu vida cambia por completo.

Hay situaciones que no puedes cambiar, pero siempre puedes elegir cómo vivirlas. Por eso, cómo vivas la vida sí que depende de ti. Una persona despierta es una persona consciente, que vive desde el amor, que construye una vida que vibra en sintonía con su núcleo interior.

Y todo parte del tridente de emociones GAP: gratitud, aceptación y perdón.

- **Gratitud.** Agradecer cada día el estar vivo. Cuando agradeces, la química de tu cerebro cambia. La gratitud es la expresión de amor que te conecta con la más alta vibración. Sin duda te da un buen chute de energía positiva. Haz la prueba.

- **Aceptación.** Suelta el control. Acepta lo que has vivido, lo que estás viviendo, todo aquello que no puedes cambiar. Acepta tu situación actual, con los recursos que tienes en este momento. Acéptate tal y como eres. Sin gratitud, no hay aceptación.

- **Perdón.** Perdona a tus padres, a tus exparejas, a tus amistades. Perdonar implica perdonarte. Cuando dejamos de buscar culpables afuera, nos hacemos responsables. Cuando dejas de juzgarte, dejas de juzgar y te deja de preocupar el juicio externo.

Te animo a que hagas este ejercicio para cerrar el capítulo. Tómate tu tiempo.

GRATITUD	ACEPTACIÓN	PERDÓN
¿A qué o a quién estás agradecido?	¿Qué es lo que no estás aceptando?	¿A quién no estás perdonando?
Te das permiso para ser (feliz).	Haces las paces con tu pasado.	Te emancipas emocionalmente.

Todas estas emociones, expresiones, sentimientos, virtudes o cualidades se pueden cultivar. Necesitamos más vínculos reales con nosotros y con los otros.

Cuando cambiamos nuestra energía, todo a nuestro alrededor se transforma. Cuando te aceptas y trabajas la aceptación, te perdonas y trabajas el perdón, y agradeces y trabajas la gratitud, te das permiso para ser (feliz).

Cuando te identificas con tu ser, pasas del miedo al amor:

1. Agradeces y compartes tus alegrías.

2. Aceptas, te emancipas y confías en la vida.

3. Perdonas y haces las paces con tu pasado.

4. Evitas el conflicto y mantienes la calma.

5. No discutes ni tratas de convencer a nadie.

6. Te enfocas en tu propio crecimiento.

7. Fluyes en tu esencia divina.

8. Te proteges de la contaminación ideológica y cultural.

9. Desarrollas tus potencialidades.

10. Te comprometes a cumplir tu propósito.

Si no te atreves a ser, ¿cómo te vas a conocer?, ¿cómo vas a desatar tu potencial y descubrir tus dones?, ¿cómo vas a mostrarte al mundo?, ¿cómo vas a dedicarte a lo que realmente te apasiona?, ¿cómo vas a sentirte realizado?

En resumen, ¿cómo vas a revolucionar tu vida?

«PARA ENTENDER TODO, ES NECESARIO OLVIDARLO TODO.»

Buda

4. REPROGRAMA TU 'MINDSET'

EN ESTE CAPÍTULO...

> Seguimos quitando capas. Buscamos un cambio de mentalidad. Tenemos que desaprender y aplicar la rebeldía consciente para cuestionar todas esas viejas creencias que nos limitan.

4.1. ¡ES HORA DE CAMBIAR EL CHIP!

Cuando cambiamos para vivir en coherencia con nuestro ser, todo a nuestro alrededor irremediablemente se transforma. A menudo es una transformación lenta, incómoda, por momentos, dolorosa. Solo queda confiar en la vida y seguir honrando el nuevo camino que se abre ante nosotros. La abundancia, por ejemplo, no llegará si te sientas a esperar en el sillón de la escasez. Al contrario, será la inevitable manifestación de tu sensación de plenitud: cuando te sientes lleno por dentro, atraes abundancia a tu vida. Si esperamos a que la vida cambie para cambiar nosotros, mal vamos. Probemos a invertir el proceso.

Antes te invitaba a proteger tu energía vital para mejorar tu calidad de vida. Ahora te propongo que, de forma paralela, vayas provocando un cambio de mentalidad. De esto vamos a hablar en este capítulo.

No vemos el mundo con nuestros ojos físicos, sino con la mente. Tu idea del mundo no es en absoluto tuya. Tu conocimiento se basa en información de terceros. Memorizas conceptos, incorporas costumbres y valores, absorbes conductas que te llevan a experimentar una versión distorsionada y manipulada de la realidad.

Durante milenios ha habido un discurso que se instituye como «oficial» y lucha por perpetuarse, que desprecia el pensamiento disidente, que lo ridiculiza, proscribe y penaliza. Pensar diferente y salirse del razonamiento consagrado, el único que autoriza y promueve el sistema, te convierte en divergente.

Kant, en un breve ensayo sobre la ilustración, popularizó una estupenda frase del poeta latino Horacio: *Sapere aude*, que puede traducirse como «atrévete a saber», «ten el valor de usar tu propia razón». Según Kant, quienes no tienen el coraje de pensar por sí mismos se mantienen en una «minoría de edad». Si no cuestionamos la narrativa oficial, nos estancamos como individuos y como sociedad.

Para recordar quiénes somos, de dónde venimos y para qué estamos aquí, es necesario trascender esta realidad prefabricada cambiando nuestra percepción. Formatear nuestro disco duro interno. Poner en tela de juicio la «mente colmena» te permite ver más allá de la memoria social y cultural almacenada en el inconsciente colectivo. Son quienes no se conforman los que mueven el mundo e impulsan un cambio. Es gracias a todos aquellos que se atrevieron a salir de la caverna que hemos ido evolucionando.

4.2. CUIDADO CON LO QUE PIENSAS

Si bien tu alma te habla a través del cuerpo, la mente es quien procesa, interpreta y traduce dicha información. Si no escuchas a tu cuerpo y desatiendes tu intuición, vives a las órdenes de una mente adiestrada. Tenemos que entender cómo funcionamos para apagar el piloto automático con el cual operamos, inconscientemente, la mayoría del tiempo.

Tu mente es como un ordenador. Tu mentalidad es el software instalado en ella. La mente no se puede cambiar, pero sí su sistema operativo. Ese sistema contiene «programas»: tus creencias (ideas), las cuales se ejecutan automáticamente (pensamientos y emociones), provocando unos resultados o acciones concretas (conductas y hábitos).

No existe un consenso claro a la hora de determinar si es el pensamiento el que genera la emoción o más bien al contrario. Si consideramos que el pensamiento «soy un inútil» (pensamiento negativo), me hace sentir mal (emoción negativa) y que, en consecuencia, no me voy a creer capaz de hacer nada, la solución sería tan fácil como modificar el pensamiento (cambio cognitivo) para modificar la emoción (cambio emocional) y, en consecuencia, el resultado, ¿verdad?

Sin embargo, esta es una visión parcial y reduccionista. Llegar a la raíz del asunto es algo más complejo. El sesgo en el procesamiento de la información también considera la influencia inversa: la que las emociones ejercen sobre los pensamientos. En palabras de Daniel Goleman, autor del superventas *La inteligencia emocional* (1995), «El cerebro emocional responde a un acontecimiento más rápido que el cerebro racional», es decir, que la mente racional tarda más tiempo en reaccionar que la emocional.

La realidad es que sentimos antes de pensar. Recordemos a ese niño que un día fuimos, que aprendió a moverse antes que a hablar. El primer impulso es instintivo. La respuesta emocional —el enfado, la ira, la agresividad— es una reacción inmediata que te impulsa a actuar de una determinada forma. La dificultad se produce cuando las emociones se apoderan de ti y te controlan. Por eso vivir las emociones es de vital importancia: te permite conocerte, regularlas y vivir de manera más consciente.

Por tanto, vamos a entender este proceso de la siguiente forma:

ACCIONES
FRUTOS

PENSAMIENTOS
Y EMOCIONES
FLOR

CREENCIAS
SEMILLAS

CREENCIA > EMOCIÓN <—> PENSAMIENTO > ACCIÓN

Albert Ellis, psicólogo estadounidense, creador de la terapia racional emotiva conductual, observa que «La perturbación emocional no es creada por las situaciones, sino por las interpretaciones que les damos a esas situaciones». Estas interpretaciones tienen que ver con nuestras creencias. Por tanto, si un hábito (reacción, con carga emocional, ante una determina situación) nace de una creencia y queremos cambiarlo, la forma más eficaz de hacerlo sería cambiando la creencia que lo genera. Veamos antes algunos ejemplos.

CREENCIA	EMOCIÓN	PENSAMIENTO	ACCIÓN	RESULTADO
Eres un fracasado	Desánimo (miedo al fracaso)	Haga lo que haga me va a salir mal	Abandono	**Fracaso**
Si estudias eso te vas a morir de hambre	Tristeza (miedo a no tener dinero para vivir)	Si hago «lo que me gusta», me moriré de hambre	No lo hago	**Frustración**
Nunca vas a encontrar a nadie que te quiera	Tristeza (miedo al rechazo)	Necesito encontrar a alguien que me quiera para ser feliz	Dependencia y relaciones tóxicas	**Rechazo**
No puedes hacerlo	Inseguridad (falta de confianza)	Tal vez no soy capaz porque no tengo el talento necesario	Me sale mal	**Fracaso**

Cambiar la respuesta mental y emocional no asegura que el resultado vaya a ser positivo, pero seguro que es diferente.

CREENCIA	EMOCIÓN	PENSAMIENTO	ACCIÓN	RESULTADO
Eres un fracasado	Esperanza	Si no lo hago, ya habré fracasado, siempre hay que intentarlo	Lo intento	?
Si estudias eso te vas a morir de hambre	Alegría	Si no hago lo que me gusta, me moriré de pena	Hago lo que me apasiona	?
Nunca vas a encontrar a nadie que te quiera	Amor propio	No necesito encontrar a nadie para ser feliz	Mantengo relaciones conscientes	?
No puedes hacerlo	Confianza	¿Qué recursos o habilidades necesito aprender o mejorar para hacerlo?	Lo hago	?

Precisarías una máquina del tiempo para volver al pasado y, suponiendo que se pueda, cambiar lo que te dijeron o hacer una interpretación diferente, desde tu versión adulta y madura, de las experiencias que viviste como niño en aquel momento (el origen de dichas creencias). Lo que sí puedes modificar ahora, hasta cierto punto, son las emociones y los pensamientos asociados a esas experiencias. Y, en última instancia, reprogramar tus creencias, como veremos luego.

Si plantas peras, no esperes limones. Lo mismo ocurre con tus creencias: si tus pensamientos son negativos, ¿qué florecerá? A partir de ahora, cambiemos lo que sembramos para cambiar nuestra vida. Cuidado con lo que piensas y, sobre todo, con lo que dejas entrar en tu mente. Activa tu antivirus mental.

4.3. HACIA UNA MENTALIDAD DE CRECIMIENTO

Progresivamente te vas convirtiendo en aquello que crees. Si manifestamos lo que pensamos, de alguna manera acabamos creando aquello en lo que creemos, que está muy influenciado por las creencias del entorno que nos llegan de forma verbal y no verbal, algunas positivas y la mayoría no tanto.

Si crees que algo te saldrá mal, tienes más probabilidades de que así sea. Si confías en ti y crees que lo conseguirás, es más probable que lo hagas. Tus expectativas determinan tus logros y estas expectativas, como creencias que son, a menudo están influidas por los otros. En el ámbito de la psicología y pedagogía, este influjo se conoce como efecto Pigmalión: profecía autocumplida o de cumplimiento inducido. Las expectativas de los profesores inciden en los resultados de sus alumnos para bien o para mal. Blaise Pascal decía: «Trata a un ser humano como es, y seguirá siendo como es. Trátalo como puede llegar a ser, y se convertirá en lo que puede llegar a ser».

Trátate a ti mismo como puedes llegar a ser. Somos cocreadores de esta realidad compartida: tenemos la capacidad de influir en nuestro entorno, pero, atrapados en nuestra inconsciencia, también hemos sido profundamente condicionados por él. De ahí que tu mente racional esté tan subordinada, y a menudo limitada, por tu sistema de creencias.

Tu cerebro es plástico. Cada célula del cuerpo reacciona a todo lo que se crea en la mente. Un pensamiento estimula la producción de neurotransmisores y no distingue entre lo que piensas y lo que sucede (la realidad). Tus experiencias tejen nuevas conexiones neuronales (sinapsis) que van cambiando la arquitectura de tu cerebro, de modo que para tu cerebro los pensamientos también cuentan. ¡Y vaya si cuentan! Cada pensamiento contiene información y emite una determinada frecuencia que cambia la química del cerebro:

- Si el pensamiento es positivo = vibración alta. Te sientes con energía.

- Si el pensamiento es negativo = vibración baja. Te sientes sin energía.

Nuestro cerebro procesa unos 60.000 pensamientos al día, muchos de los cuales son absurdos o poco funcionales, más del 90 % son recurrentes y alrededor del 80 % son pensamientos intrusivos. ¡Menudo *crossfit* mental! Puede ser agotador. Una vez has entrado en este bucle, no es raro que te sientas paralizado, que no puedas avanzar en ninguna dirección. El consumo de energía provocado por el desgaste mental es enorme.

Un pensamiento negativo provoca un estado emocional conflictivo. Y viceversa. Afortunadamente, esos mecanismos que te causan tanto malestar se pueden deshacer y, en última instancia, es posible desbloquear aquello que te impide emprender y materializar tu nuevo proyecto de vida, en lo personal y lo profesional.

La mente puede ser bastante molesta. Por eso, es importante que aprendas a calmarla para no perderte en tus procesos mentales negativos. Hay que ir al origen de lo que ocasiona todo esto: a las creencias que provocan dichos estados emocionales y mentales. Todo esto tiene mucho que ver con el tipo de mentalidad que hemos desarrollado:

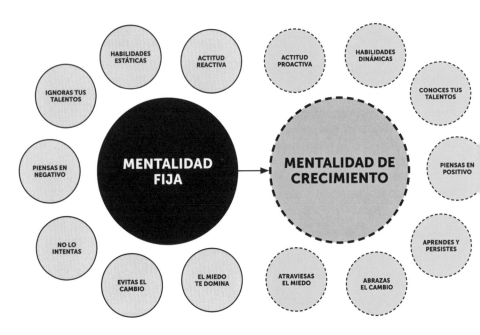

- **Mentalidad fija:** actúas a la defensiva, reactivamente. Asumes que tus habilidades son estáticas y predeterminadas. Desconoces tus cualidades y talentos. No estimulas tus potencialidades. Te aferras a lo seguro y evitas los retos por miedo al fracaso. Al hacerlo, no te das la oportunidad ni tan siquiera de intentarlo. Este tipo de mentalidad es muy limitante y está estrechamente ligada a la necesidad, la carencia y la escasez.

- **Mentalidad de crecimiento:** actúas de forma constructiva. Eres proactivo. Aprendes y persistes. Estimulas tus habilidades, desarrollas tus capacidades y liberas tu potencial. Entrenas al cerebro para pensar en positivo, pero sin caer en el optimismo edulcorado. Buscas siempre las posibilidades en vez de recurrir a la queja o el victimismo. Abrazas el cambio en lugar de demonizarlo. Asumes desafíos y sales de tu zona de confort. Se trata de una mentalidad de abundancia.

Tememos equivocarnos porque nos han enseñado que meter la pata está mal, cuando es precisamente a través del error como aprendemos. Cuando te equivocas, te castigan; cuando aciertas, te premian. Esta lógica recuerda al condicionamiento clásico, también conocido como condicionamiento pavloviano, un tipo de aprendizaje asociativo con gran impacto en el conductismo. Seguro que has oído hablar de Pávlov y la respuesta natural condicionada o aprendida —salivación y excitación en los perros— como consecuencia a un estímulo ambiental previo —toco una campana e inmediatamente traigo su comida—. Esto no solo es válido para los perros. Los seres humanos también somos criaturas domesticables. La mente es muy facilona.

¿Cómo pasamos, entonces, de una mentalidad fija a una mentalidad de crecimiento? Empezando por no fundirte con tus pensamientos intrusivos, aprendiendo a distanciarte de ellos. Esto te ayuda a pasar del rol de víctima al rol de observador.

Prueba a utilizar de nuevo el recurso de la ODA, que vimos en el capítulo anterior.

- **Observa.** Entrena la escucha activa para no identificarte con esa voz interna enjuiciadora que te dice «Nunca vas a lograrlo», «Esto es lo que hay», «No eres lo suficientemente bueno», «Ni lo intentes, seguro que te sale mal y se burlan de ti».

- **Date cuenta.** Cambia tu discurso: sé más amable contigo mismo. Reconoce que siempre hay opciones y alternativas: «Ahora no puedo, pero ya podré», «¿Qué necesito para lograrlo?», «¿Qué nuevas capacidades tengo que desarrollar?».

- **Acepta.** Partiendo de la aceptación, actúa. Busca alternativas, opta por lo posible. Cambia tu diálogo interno: «Si no lo intento, habré fracasado antes de empezar», «Con esfuerzo y aprendizaje, seguro que puedo conseguirlo».

Existen infinidad de técnicas para trabajar en esto. Como ya mencioné antes, en lo personal, me resulta muy efectivo escribir para vaciar la mente de todo aquello que me perturba. A través de la verbalización o moviéndote, también puedes liberarte.

Otro recurso interesante es la técnica de detención del pensamiento, una estrategia cognitivo-conductual: cada vez que te sobrevenga un pensamiento negativo intrusivo, date un pellizco en el brazo (sin brusquedad) o da un pequeño golpe sobre la mesa o cualquier superficie; a continuación, piensa en algo que requiera un esfuerzo cognitivo, por ejemplo, hacer cuentas matemáticas. Luego, puedes pensar en algo agradable.

Todos podemos cultivar una mentalidad de crecimiento. No es una cualidad innata, es algo que podemos adquirir y poner en práctica.

Dedica veinte minutos al día a practicar alguna de estas técnicas. En veinte días, irás notando resultados. Cuando te ejercitas, tu biología cambia, tu sangre se vuelve menos ácida, tus niveles de cortisol disminuyen, tu amígdala se relaja, tu estrés desciende, tu vitalidad aumenta. Estás más despierto, te sientes sereno, centrado. Conectas. Entonces, tu vida cambia. No porque ahora seas otra persona, sino porque antes no eras tú mismo.

Como dijo Eckhart Tolle, autor de los célebres libros *El poder del ahora* y *Un nuevo mundo, ahora*, «La mente es una excelente sirvienta, pero es una pésima jefa». Es una herramienta de trabajo: si la usas bien, te empoderas; si la usas mal, te limitas. Y para empoderarnos necesitamos sembrar una mentalidad de crecimiento, desarrollarla es lo que te permite no solo expandirte, sino también ampliar tu nivel de comprensión, elevando tu estado de consciencia.

Tu mente te sabotea y no lo notas. Cedes así tu poder a los otros, y algunos se aprovechan de ello. Con el pretexto de velar por tu seguridad, tu libertad te es arrebatada. Cualquier parecido con la realidad actual no es pura coincidencia.

4.4. QUERER NO ES PODER

Seguro has oído que «querer es poder». Si eso fuera cierto, ¿por qué la mayoría de las personas no puede? ¿Es que no lo desean con fuerza suficiente?

Esto me recuerda a la fábula del burro y la zanahoria que cuenta que para que un burro tire de un carro, hay que colocarle una zanahoria atada a un palo lo suficientemente cerca para que la vea, pero lo suficientemente lejos para que no lo consiga. Por mucho que se esfuerce creyendo que puede agarrar la zanahoria, jamás lo logrará. Esa es la trampa en la que caemos, creer que con más trabajo duro, con mayor sacrificio y autoexigencia, lo podrás conseguir. Siento ser aguafiestas, pero usar tu fuerza de voluntad es demasiado superficial, no sirve de mucho: tu mente operativa tan solo representa un 5 % de tu cerebro.[1]

5% MENTE OPERATIVA

AQUÍ ESTÁN TODAS TUS CREENCIAS →

95% MENTE INCONSCIENTE

1 Así lo asegura, entre otros muchos, el doctor Gerald Zaltman, miembro del comité ejecutivo de la Facultad de Comportamiento, Mente y Cerebro de la Universidad de Harvard.

El otro 95 % corresponde a tu mente inconsciente, donde se alojan tus creencias. Ahí se graba el grueso de la información que tu cerebro ha ido almacenando y que luego utiliza mecánicamente para asegurar tu supervivencia. Aquí también se encuentran las emociones reprimidas, la herida de la infancia, los traumas no resueltos.

Esta cara oculta de la mente no solo representa un porcentaje mucho mayor, sino que procesa la información un millón de veces más rápido. Es aquí donde tenemos que poner todos los focos. ¿Eres consciente de la influencia que el inconsciente tiene en tu vida? ¿Te das cuenta de que el 95 % de tus decisiones diarias no las tomas tú de manera libre y voluntaria?

Tu cerebro contiene cientos de redes neuronales que se programaron durante tu infancia, de los cero a los siete años. Durante este período, nuestras ondas cerebrales —delta y theta— son lentas. Esto significa que estamos en un estado hipnótico, similar al que experimentamos durante la meditación. Es un estado programable. Somos esponjas, totalmente modelables. Aceptamos como verdadera toda la información que recibimos, mezclamos realidad e imaginación. Se va creando así nuestra identidad, la personalidad, el personaje.

A partir de los siete años, cuando empezamos a hacer uso de nuestra capacidad racional, nuestras ondas cerebrales cambian a una frecuencia más elevada —alfa y beta—. Desde que nacemos, hemos estado absorbiendo programas del entorno. Por eso se afirma que vivimos bajo programación mental inconsciente. Nos alejamos de la intuición, esa otra parte esencial del yo superior y nos desconectamos progresivamente del ser. Silenciamos nuestra voz interior. Dejamos de estar tan despiertos. Entramos en el sueño profundo de la Matrix.

Aprendemos por imitación, observación y modelaje, un tipo de aprendizaje que el psicólogo canadiense Albert Bandura bautizó como «aprendizaje vicario». Te hablas a ti mismo tal y como te hablaron; te tratas tal y como te trataron; actúas tal y como viste que actuaban los personas de tu entorno. ¡Te acabas convirtiendo en tus referentes cercanos! Vives atrapado en automatismos adquiridos a partir de unas creencias heredadas, transgeneracionales, instaladas en tu inconsciente. Esas creencias limitan tu desarrollo personal y profesional, no son tuyas y ni siquiera lo sabes. ¿Cómo vas a poner en duda algo que no sabes que existe? «Sacarlas» cuesta: están profundamente arraigadas.

Tus creencias limitantes, por tanto, son pautas de comportamiento y patrones de conducta que has recibido de tu entorno social, cultural, familiar, religioso, etcétera. Las consideras verdades intocables y no las cuestionas. Si lo hicieras, se desmoronaría toda la realidad que has construido, que primero te has creído en tu mente y que luego has usado para crear tu vida. Tus creencias, por tanto, determinan la percepción que tienes de ti mismo y del mundo; son condicionamientos, barreras mentales que bloquean tu evolución y tu crecimiento. Tu realidad no es más que un reflejo de tu sistema de creencias. Cada cual crea su propia experiencia, vive su propia realidad.

Ya va siendo hora de que vuelvas a tu estado natural de grandeza y de que aceptes que todas tus limitaciones están en tu mente. Dime lo que vives —tu vida actual— y te diré lo que sembraste —viejas creencias—. Cambia lo que siembras —nuevas creencias— y te diré cómo será la realidad que vivas —tu vida potencial.

No somos libres porque vivimos presos en nuestra jaula mental, sometidos a una mentalidad fija, incapaces de alcanzar nuestra mente inconsciente. Cuando somos adultos, la única forma de conectar con las ondas cerebrales más «primitivas», donde está el inconsciente, es dormir plácidamente e interpretar nuestros sueños, mediante la meditación profunda o a través de procesos de hipnosis. Nuestro gran desafío consiste en pasar de una mentalidad fija a una mentalidad de crecimiento y en hacer consciente esa parte de nuestra mente que está «sumergida».

4.5. DESAPRENDER PARA CRECER

¡Bienvenido al caos! El escritor rumano Emil Cioran decía que «Caos es rechazar todo lo que has aprendido para comenzar a ser tú mismo». A medida que vamos comprendiendo toda esta dinámica, los cimientos que sostienen nuestras vidas empiezan a tambalearse. Eso asusta. Mucho. Se produce un auténtico terremoto. De pronto tienes que asimilar que has vivido según el manual de instrucciones de otros, que tu visión de la realidad no es tuya, que ves el mundo con la mirada de tus padres, de tus profesores, de la religión, de los medios de comunicación.

Eres esclavo de lo que te enseñaron. Al principio, es normal que tu mente se niegue a aceptarlo, sientes un gran rechazo. Pero si decides desaprender e iniciar un proceso de aprendizaje por tu cuenta, empiezas a desarrollar tu propio criterio.

Desaprender significa olvidar, actualizar, redefinir. Es esencial para dejarte ser. Te das permiso para desmontar el puzle, te desprendes de todo aquello que ya no te sirve para renovar tu pensamiento y para incorporar una nueva percepción de ti mismo y del mundo. Es lógico que este reajuste de paradigmas provoque mucho desorden, interno y externo.

Empecemos por hacer una reestructuración cognitiva, redefiniendo dos conceptos básicos que sientan las bases de tu realidad adulta. Escribe tu definición y luego marca con una cruz las casillas que resuenen con tu idea de éxito y felicidad.

ÉXITO	FELICIDAD
¿Qué es para ti el éxito?	¿Qué es para ti la felicidad?

☐ Seguir tu propio camino
☐ Vivir con plenitud y bienestar
☐ Ayudar a los demás
☐ Hacer lo que amas
☐ Cultivar una buena salud

☐ Ser coherente contigo mismo
☐ Conquistar tu libertad
☐ Disfrutar la vida sin preocupaciones
☐ Desarrollarte profesionalmente
☐ Manifestar prosperidad y abundancia

Para Aristóteles «la felicidad es el propósito de la vida». Por su parte, Epicteto afirmaba que solo había un camino hacia la felicidad: «dejar de preocuparse por las cosas que están más allá del poder de nuestra voluntad». Jiddu Krishnamurti decía que «por la esperanza del mañana sacrificamos el hoy; sin embargo, la felicidad siempre está en el ahora». Finalmente, Osho reflexiona: «La felicidad no tiene nada que ver con lo que tienes o no. La felicidad se relaciona con lo que eres».

Como ves, no hay respuesta correcta o incorrecta. Cada uno tiene su propia definición y esta puede ir cambiando con el tiempo. Es un término subjetivo y relativo, aunque en esencia, y cada cual a su modo, anhelamos lo mismo: ser felices. Si nos basamos en la definición de otros, se convierte en una imposición rígida, en una creencia; si nos basamos en nuestra definición, fruto de la experimentación, deriva de una experiencia viva y en coherencia con lo que somos. A fin de cuentas, el verdadero propósito de la vida es vivir. Ahí encuentras tu propia verdad.

Etimológicamente, la palabra *felicidad* proviene del latín *felicĭtas*, que a su vez se deriva de *felix*, que significa 'fértil', 'fecundo', 'que produce muchos frutos'. Esto, inexorablemente, me conecta con la idea de «principio o nacimiento». ¿Será que una persona feliz tiene la capacidad de crear algo nuevo y manifestar abundancia?

Sin embargo, el concepto de felicidad ha sido tremendamente distorsionado por un sistema social caracterizado por una crisis de valores, que se aprovecha de nuestra falta de autoconocimiento. Como hemos sintonizado con una frecuencia de escasez, fruto de nuestro elevado nivel de desconexión, no sabemos lo que necesitamos para sentirnos bien, creemos que teniendo tal cosa seremos felices y llenaremos nuestro vacío interior. Así funcionan el marketing depredador y la publicidad engañosa.

Dice Rafael Vídac, terapeuta y coach español especializado en crecimiento personal, que «No te daña lo que te falta, sino la creencia de que lo necesitas». Esto genera estrés, depresión, angustia, malestar, frustración, ansiedad. Y, sobre todo, esa sensación permanente de que te falta algo. No «tienes» felicidad, la felicidad no es «algo» que se posea: se siente. No tiene nada que ver con un objeto externo, con tener, hacer, producir, retener, comprar, consumir o acumular. Esas son ideas equivocadas, haz la prueba. La felicidad está vinculada con el ser. Y eres cuando fluyes, cuando haces lo que de verdad te apasiona, conectando con la vida.

La felicidad no es la meta, es el proceso en sí mismo, un estado interno de calma. Y tiene relación directa con la autorrealización personal y profesional del que se atreve a mirar hacia adentro para sentirse a gusto consigo mismo. En palabras de Viktor Frankl: «La felicidad es como una mariposa. Cuanto más la persigues, más huye. Pero si vuelves la atención hacia otras cosas, ella viene y se posa suavemente en tu hombro». La felicidad, por tanto, es una sensación de gozo, bienestar, satisfacción, dicha, plenitud, entusiasmo y paz interior. Y esto implica liberarnos de las ataduras del ego. Cuando soltamos el control y la rigidez, y dejamos de querer tener o dejamos de creer que algo nos falta, es cuando empezamos a sentir que vivimos una vida con sentido, el que nosotros queramos darle, porque trazamos nuestro propio camino.

Por otra parte, tener éxito, en el sentido estrictamente occidental, se suele asociar con la consecución de un logro material, algo visible o tangible, siempre vinculado con el afuera. El verdadero éxito, sin embargo, es accidental: es la consecuencia inevitable de la felicidad.

Etimológicamente, la palabra *éxito* viene del latín *exitus*, que significa 'salida', 'término', 'fin', como *exit* en inglés. Esto me lleva a pensar que si la felicidad es el principio o nacimiento, el éxito representa entonces el ocaso o la clausura. Se podría decir que el éxito es el efecto —el estado material, la dimensión tangible— de una causa, la felicidad —un estado mental, la dimensión intangible—. Se suele considerar el éxito como lo contrario al fracaso, pero «fracasar» es una pieza clave para triunfar, forma parte de la preparación. Sin ella, la ecuación no funciona. Quien persigue el éxito como motivación principal, olvida disfrutar del proceso y bastante a menudo acaba perdido.

Michael Jordan confesaba que el haber fallado una y otra vez en su vida le había valido el éxito, en tanto que Bruce Lee definía el éxito de la siguiente manera: «El éxito es simplemente la aplicación diaria de la disciplina». Winston Churchill, por su parte, afirmaba que el éxito no era definitivo ni el fracaso fatal, que lo que importaba era el valor para seguir adelante. O, en palabras de Ralph Waldo Emerson: «¿Qué es el éxito? Reír mucho y con regularidad; ganarse el respeto de personas inteligentes y el cariño de los niños; ganar el aprecio de críticos sinceros y soportar la traición de amigos falsos; apreciar la belleza; encontrar lo mejor de los demás; dejar el mundo un poco mejor, ya sea mediante un niño sano, un trozo de jardín o el rescate de un grupo social; saber que por lo menos una vida respiró mejor por haber vivido tú; esto es tener éxito».

En lo personal, siento que una persona feliz ya es una persona exitosa, pero no a la inversa. Descubrirás en nuestra sociedad cientos de casos de adultos exitosos «por fuera», pero emocionalmente rotos por dentro. Por eso es disfuncional empezar por el final y aprender cómo crear un proyecto de vida exitoso si detrás de eso no hay una persona satisfecha.

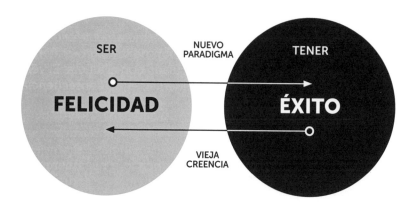

Tener éxito implica ser feliz. El movimiento siempre es de adentro hacia afuera. Éxito es la cualidad de vivir una vida plena, siendo constante y comprometido, decidiendo lo que vives con libertad, cosa que se consigue cuando te reinventas. Eres feliz cuando te enamoras de ti mismo y de la vida porque has recordado quién eres, vives en sintonía contigo mismo, lo que irremediablemente te conecta con la prosperidad.

Redefine *felicidad* y *éxito*, dales un significado propio, genuino. Puedes repetir este mismo ejercicio y redefinir otros términos como *fracaso*, *trabajo*, *pareja* o *libertad*. Reflexiona sobre ello. Puedes incluso buscar su definición en el diccionario, quizás te lleves una sorpresa. Cuando lo hayas hecho, crea tu nueva realidad en comunión con tus nuevas definiciones, según tus propias creencias, ancladas en tu experiencia de vida. Para ello, apliquemos la rebeldía consciente.

4.6. REBELDÍA CONSCIENTE

Un rebelde consciente es un rebelde con causa. Es alguien que se cuestiona a sí mismo, que pone en duda lo aprendido, todas esas creencias limitantes que nos hemos creído y a partir de las cuales hemos creado un falso concepto de identidad y, en consecuencia, una vida limitada, artificial.

Muchas de esas creencias te han convertido en una persona insegura, dependiente, inmadura, sumisa, frágil, temerosa, incapaz, frustrada, infeliz.

Decía Sócrates que «la duda es el inicio de la sabiduría». Aristóteles, tiempo después, sostenía que «el ignorante afirma; el sabio duda y reflexiona». Dudar es un acto de rebeldía. Significa cuestionar: primero te cuestionas a ti mismo y después, cuestionas el mundo que te rodea, la realidad en la que vives. Veamos algunas creencias bastante típicas en algunas dimensiones de tu vida. Seguro que te suenan.

PROFESIÓN Y ESTUDIOS

Estudia una carrera con salidas profesionales para tener oportunidades en el mercado laboral.

A tu edad es tarde/pronto para hacer lo que te apasiona. Más vale malo conocido que bueno por conocer.

Tienes que estudiar Derecho, Medicina o algo parecido en la universidad para ser alguien. En la vida no te regalan nada.

Para emprender necesitas mucho dinero.

¡Te tienes que ganar la vida! Encuentra un buen trabajo en una buena empresa y ahorra dinero para cuando te jubiles.

Si haces lo que te gusta te morirás de hambre. Estamos en crisis y la cosa está muy mal. ¡No hay trabajo!

Sin sacrificio no hay recompensa. Tienes que trabajar duro, las cosas no pueden ser fáciles.

Ahora no es un buen momento para emprender. Ya lo haré cuando mi situación mejore.

Has sido programado para trabajar duro como empleado. Para el mercado laboral, eres mercancía. No necesitas un trabajo, necesitas ingresos. Dedicarte profesionalmente a algo que amas te expande, ejercer una actividad profesional con propósito es lo que te permite brillar.

Ahora te toca a ti. Escribe todas tus creencias en relación al ámbito profesional. ¿Qué crees que te está limitando?

PROFESIÓN Y ESTUDIOS

Soy pobre pero honrado: para ser rico hay que robar. El dinero es malo, la gente rica es mala.

No hay dinero para todos, ganar dinero cuesta mucho: ¡el dinero no cae del cielo!, ¡el dinero no crece en los árboles!

Hay cosas más importantes que el dinero, no quiero ser rico, no quiero más dinero del que tengo.

El dinero mide el éxito de las personas.

El dinero (no) es importante. El dinero (no) da la felicidad.

Para ganar dinero hace falta dinero y hay que trabajar muy duro para conseguirlo.

Con dinero consigues lo que quieres: «¡Ojalá nos toque la lotería!»; «¡Cuando me toque la lotería, dejo mi trabajo!».

No tengo suerte con el dinero.

El dinero no es el problema. Tu mentalidad acerca del dinero sí lo es. El dinero es energía de intercambio. Los problemas de dinero no se arreglan, a largo plazo, con dinero. Objetivo: libertad financiera. Y antes que eso, independencia económica.

Ahora te toca a ti. Escribe todas tus creencias en relación al dinero. ¿Qué crees que te está limitando?

DINERO Y FINANZAS

RELACIONES Y FAMILIA

Más vale malo conocido que bueno por conocer. Si dejo a mi pareja, no voy a encontrar a nadie que me quiera.

No se puede tener todo en la vida. Ahora no es un buen momento. No tengo tiempo, estoy superliado.

Siempre lo hago todo mal. Voy a ser un fracasado. No soy lo suficientemente bueno (síndrome del impostor).

Mamá/papá: «No hagas eso»; «No corras, que te vas a caer»; «No te fíes de nadie», etcétera. Sentimiento de inseguridad.

Me muero por conocer a mi media naranja. Necesito encontrar a alguien que me quiera para ser feliz.

Mi familia es humilde. Tengo que ayudar en casa. Si no ayudo a los demás, ¿cómo me van a querer? ¡Si no me quieren me da algo!

Tengo que ser un buen hijo/padre/madre/hermano, etcétera, para que me quieran.

Mamá/papá: «Si te portas bien, te lo compro»; «Si te portas mal, te castigo». Tienes que ser bueno y obedecer las normas.

Puedes ser abundante en todas las dimensiones de tu vida. Para amar (y que te amen), antes tienes que amarte. Cultivar tu amor propio y mejorar tu autoestima es indispensable. Necesitas personas que te complementen, no que te completen. Tú ya eres perfecto.

Ahora te toca a ti. Escribe todas tus creencias respecto a las relaciones. ¿Qué crees que te está limitando?

RELACIONES Y FAMILIA

Ahora haz los siguientes ejercicios.

¿Cuáles son las cinco creencias con las que más te identificas? Puedes apuntar otras que no hayamos comentado.

Relaciona dichas creencias con tu situación actual. ¿Cómo te han influido? ¿Crees que lo han hecho de forma positiva o negativa? Responde con honestidad.

Identifica las tres personas de tu entorno que más hayan influido en ti desde la infancia. Escribe sus nombres y en qué te han influido (brevemente).

Reflexiona

- ¿Cuál ha sido su relación con el dinero?
- ¿Cómo han manejado sus finanzas personales?
- ¿Sabes si alguna vez se han arruinado?
- ¿A qué se dedican? ¿Qué han estudiado?
- ¿Han vivido esclavizados por sus finanzas?
- ¿Han vivido esclavizados por el trabajo?
- ¿Qué visión te han transmitido sobre el dinero y el trabajo? ¿Cuáles han sido sus ingresos?
- ¿Conseguir dinero les ha supuesto mucho esfuerzo? ¿Han tenido que trabajar muy duro?
- ¿Cómo se han manejado en el amor?
- ¿Han tenido relaciones turbulentas, poco sanas?
- ¿Viven felices y han creado una vida plena?
- ¿Qué escuchabas de pequeño en tu casa en relación al dinero, al trabajo y al amor?

Ahora escribe los tres momentos más tristes en relación al dinero, a la actividad profesional y a las relaciones. ¿Cuáles han sido los peores momentos de tu vida?

Imagina cómo sería tu vida en una situación de abundancia.

PROFESIÓN Y ESTUDIOS	DINERO Y FINANZAS	RELACIONES Y FAMILIA
Abundancia profesional	Abundancia económica	Abundancia emocional
Te sientes realizado profesionalmente, haces lo que amas y desarrollas una profesión consciente y rentable.	Generas ingresos de forma recurrente, tienes dinero extra y has conseguido alcanzar tu libertad financiera.	Tienes relaciones familiares, sociales y sentimentales sanas, conscientes y nutritivas.

¿Qué cosas buenas te aportaría?	¿Te sientes preparado para ello? ¿Por qué?

La mente condicionada siempre buscará excusas para sabotear tu desarrollo personal y profesional, evitando que florezcas y prosperes, haciéndote creer que no eres merecedor de que te sucedan cosas buenas. Por eso es importante que te (de)muestres a ti mismo que puedes salir de la pasividad y dejar tu mentalidad de escasez para empezar a vivir en abundancia, lo cual no solo es posible, sino que está más a tu alcance que nunca. No permitas que tu mente te ponga la zancadilla.

Sintoniza con la abundancia, conecta con el estado natural del ser convirtiéndote en un rebelde consciente. Date permiso para ser feliz y sentirte bien.

Reflexiona

- ¿Qué pasaría si ganases un millón de euros?
- ¿Cómo se lo tomaría tu familia? ¿Y tus amistades?
- ¿Se alegrarían por ti o habría alguien a quien le molestaría?
- ¿Qué pasaría si dejas tu trabajo?
- ¿Qué es lo peor que te puede pasar?
- Y si eso que temes pasara, ¿qué opciones tendrías?
- ¿Quién crees que te llamaría loco si dejas tu trabajo?
- ¿Cuáles son las creencias o patrones de conducta de esa persona? ¿Te gustaría tener su vida? ¿Piensas que es feliz?
- Y tú, ¿sientes que mereces ser feliz?

Pasar de un tipo de mentalidad a otro va más allá de pensar diferente, es un cambio integral que engloba muchos factores, es un firme compromiso con tu evolución. Se trata de un proceso que te acerca a tu verdadero ser y te aleja del victimismo imperante, pero requiere de un esfuerzo consciente y sostenido para ver resultados, algo que, como ya hemos dicho, nada tiene que ver con el trabajo duro.

Cuando estás en conexión con tu esencia, con tu potencial, con tu propósito, la abundancia se va manifestando de forma natural y gradual. No esperes resultados inmediatos: las cosas suceden a su debido tiempo. Cuando plantas una semilla, ¿da frutos al instante? Pues esto es igual. Desapégate del resultado (menos mente) y aprende a disfrutar del proceso (más consciencia).

4.7. REPROGRAMACIÓN MENTAL

Identificar y cuestionar tus viejas creencias limitantes es tan solo el principio, aunque quizás sea la parte más difícil y posiblemente la más importante. Cuestionar ya es un gran paso, comienzas a ser consciente. El siguiente paso es modificar todas esas pautas de conducta para integrar un nuevo sistema de creencias, en sintonía con tu ser, que te ayuden a crecer y diseñar una vida a tu medida. La idea es que cambies todas tus reacciones inconscientes por respuestas elegidas. Es hora de que vivas según tu propio sistema de creencias, ¿no crees?

Existen muchas técnicas y herramientas para realizar una transformación integral de las creencias. Aquí tienes mi propuesta: un esquema pautado y resumido en seis pasos.

PASO 1	PASO 2	PASO 3
Tu creencia actual	¿Qué te lo impide?	Experiencia raíz
Identifica tus creencias actuales en las diferentes dimensiones de tu vida, especialmente en aquellas áreas en las que quieras mejorar. ¿Cómo te hace sentir esa creencia? (emoción asociada)	Escribe al lado de cada creencia por qué crees que eso es así. Ej.: No puedo mejorar mis ingresos porque... Lo que sigue al porqué suele ser el pensamiento asociado a la creencia limitante. Para el ejemplo anterior, los pensamientos asociados podrían ser: no tengo estudios, las cosas están mal, mi sueldo es malo, me da vergüenza, etcétera.	Identifica cuál es el origen de la creencia. Ej.: Mala experiencia, mis padres, educación recibida, una relación tóxica. ¿Qué situaciones negativas te ha hecho vivir dicha creencia? ¿Cómo será tu vida cuando logres eliminarla?

PASO 4	PASO 5	PASO 6
Tu nueva creencia	¿Por qué?	Sistema de cambios
Define tu nuevo sistema de creencias. Junto a cada vieja creencia escribe la nueva creencia potenciadora que quieras instalar en tu cerebro, ese pensamiento asociado que rompe con tus viejos paradigmas. Luego veremos algunas creencias que empoderan.	Escribe al lado de cada idea por qué crees que eso es así. Ej.: Puedo mejorar mi situación económica porque... Lo que sigue al porqué será tu nueva creencia constructiva. Ej.: Porque merezco ser feliz, tengo la capacidad de lograrlo, me voy a esforzar, etcétera.	¿Qué debo cambiar o modificar en mi vida para implementar estas nuevas creencias? Necesitas adaptar tus circunstancias a tu nuevo patrón: hábitos, rutinas, etcétera. Recuerda que debes acompañar toda acción de una emoción para que ese cambio sea duradero y permanente.

Ejemplo nº 1

PASO 1	PASO 2	PASO 3
Tu creencia actual	¿Qué te lo impide?	Experiencia raíz
Me da miedo ir a la entrevista de trabajo porque **no me van a contratar.**	No me van a contratar porque **no soy lo suficientemente bueno.**	No soy lo suficientemente bueno **porque de pequeño sacaba malas notas y mis profesores decían que nunca sería nadie en la vida.**

PASO 4	PASO 5	PASO 6
Tu nueva creencia	¿Por qué?	Cambios
Ya soy por el mero hecho de existir, no tengo que demostrar nada a nadie. Tengo que tranquilizarme e intentarlo, ir a la entrevista y mostrarme tal y como soy.	Porque estoy totalmente capacitado para ocupar ese puesto. Porque **puedo hacerlo, porque soy capaz.** ¡Y si no sale, no pasa nada!	Mejorar mi autoestima para ganar confianza y seguridad. Seguir trabajando en mi crecimiento personal para no ponerme tan nervioso y dejar de vivir con tantas barreras mentales.

Ejemplo nº 2

PASO 1	PASO 2	PASO 3
Tu creencia actual	¿Qué te lo impide?	Experiencia raíz
¡¿Cómo voy a dejar mi trabajo «estable y seguro» después de catorce años?! Me da miedo dejarlo porque no sé si va a salir bien, no quiero fracasar o quedarme sin dinero. ¿Y si me equivoco? ¿Y si no puedo vivir de lo que me gusta?	Porque ahora tengo un buen empleo (aunque no soy feliz) y emprender o reinventarme «a mi edad» o «en este momento» es muy difícil.	Es difícil porque en mi casa siempre lo hemos pasado muy mal con el dinero. Mis padres tuvieron que trabajar muy duro para darnos de comer.

PASO 4	PASO 5	PASO 6
Tu nueva creencia	¿Por qué?	Cambios
No puedo seguir hipotecando mi vida a cambio de dinero, haciendo algo que no me hace feliz. Mi miedo a quedarme sin dinero me deja sin vida. Fracasar es seguir en este trabajo que me amarga la vida, sin ni siquiera intentar un cambio.	Porque quiero sentirme libre y vivo. Porque puedo hacerlo, porque quiero liderar mi propio proyecto, porque me lo merezco. Quiero dedicarme a lo que me apasiona y sentirme realizado.	Dejarme asesorar por un buen mentor. Tener un plan de acción. Leer libros como este. Saber lo que quiero hacer y cómo debo hacerlo. Sanar mi relación con el dinero. Aprender a crear mi marca personal, etcétera.

Ahora es tu turno

Creencia nº 1

PASO 1	PASO 2	PASO 3
Tu creencia actual	¿Qué te lo impide?	Experiencia raíz

PASO 4	PASO 5	PASO 6
Tu nueva creencia	¿Por qué?	Cambios

Creencia n.º 2

PASO 1	PASO 2	PASO 3
Tu creencia actual	¿Qué te lo impide?	Experiencia raíz

PASO 4	PASO 5	PASO 6
Tu nueva creencia	¿Por qué?	Cambios

Creencia nº 3

PASO 1	PASO 2	PASO 3
Tu creencia actual	¿Qué te lo impide?	Experiencia raíz

PASO 4	PASO 5	PASO 6
Tu nueva creencia	¿Por qué?	Cambios

Creencia nº 4

PASO 1	PASO 2	PASO 3
Tu creencia actual	¿Qué te lo impide?	Experiencia raíz

PASO 4	PASO 5	PASO 6
Tu nueva creencia	¿Por qué?	Cambios

Creencia nº 5

PASO 1	PASO 2	PASO 3
Tu creencia actual	¿Qué te lo impide?	Experiencia raíz

PASO 4	PASO 5	PASO 6
Tu nueva creencia	¿Por qué?	Cambios

Es posible que te atasques en el tercer paso, que es donde suele aparecer el autosabotaje. Por eso, para hacer un proceso completo y profundo, te recomiendo que lo trabajes en terapia, con el acompañamiento adecuado del profesional competente. Para llegar a la experiencia raíz, cuando se trata de creencias muy arraigadas, fruto de alguna experiencia traumática, es posible que necesites también acompañamiento externo.

Es indispensable que cultivemos estados constructivos en la mente, sentimientos edificantes y hábitos nutritivos, alineados con la vida que realmente anhelamos. De lo contrario, caeremos en la incoherencia, la frustración y los conflictos internos que se manifiestan en una vida agitada y alejada totalmente de nuestros dones.

«TODO NIÑO ES UN ARTISTA, EL PROBLEMA ES CÓMO SEGUIR SIENDO ARTISTAS UNA VEZ QUE CRECEMOS.»

Pablo Picasso

5. RECONOCE TU DON

EN ESTE CAPÍTULO...

Vamos a ver para qué sirves, calibrando tu brújula interior e integrando nuevas creencias que te empoderen. Repasaremos las diferentes etapas del cambio que estás experimentando.

5.1. ¿PARA QUÉ SIRVES?

Imagina que tienes siete años y la escuela no abre hoy. Tienes todo el día para ti. Nadie te dice lo que tienes que hacer. ¿Qué harías?

Desbloquear tu yo creador y creativo es fundamental para reconocer y descubrir para qué sirves. Implica restablecer la conexión con tu niño interior. Y entender que ya somos valiosos en esencia, con independencia de que seamos más o menos útiles para desempeñar una determinada función.

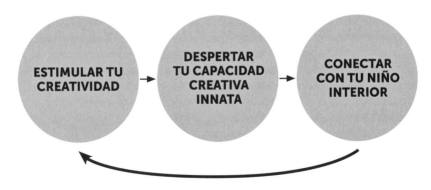

ESTIMULAR TU CREATIVIDAD → DESPERTAR TU CAPACIDAD CREATIVA INNATA → CONECTAR CON TU NIÑO INTERIOR

Todos somos artistas en potencia porque tenemos la capacidad de crear. Cocinar, hacer una foto, ordenar el armario, escribir un post, emprender son diferentes maneras de crear. Lo hacemos todo el tiempo. Somos creadores. Estimular tu creatividad te conecta con tu niño interior porque despierta tu capacidad creativa innata. Y viceversa. ¿Qué podemos hacer entonces para estimular la creatividad?

En el segundo capítulo repasamos una serie de herramientas que te ayudan a centrarte, desbloquearte, a estar en el presente, y que te permiten enchufarte con el estado de *flow*: pintar con acuarelas, tocar un instrumento, bailar, escribir, jugar, cocinar, moverte o simplemente respirar de manera consciente. Puede ser cualquier actividad que te conecte contigo mismo, con la calma, con la vida.

Hagamos otro ejercicio. Un vaso sirve para beber. Esa es su función principal, pero también podemos usar ese mismo vaso para guardar alimentos, poner una vela o como florero. Un bolígrafo sirve para escribir o dibujar, pero también para rebobinar las cintas de los antiguos casetes o para recogerte la melena, si la tienes. Una cama sirve para dormir, para leer o para reposar cuando estás enfermo, entre otros usos posibles.

¿Y tú? ¿Para qué sirves? Lo normal es no tener muy clara la respuesta. No nos han educado para descubrir nuestros talentos. En lo personal, esta pregunta me persiguió desde la infancia. Recuerdo que, aparentemente, a todos mis compañeros se les daba bien algo: Daniel, el ligón del colegio, tocaba la guitarra, Jorge era un crack jugando al fútbol y Elena pintaba de maravilla. Mientras tanto, yo, con esta cara de sapo que ves en las fotos.

En casi todas salgo serio. De niño sentía que no destacaba en nada, no me sentía en absoluto valioso. Me atormentaba la falsa creencia de que tenía que ser bueno en algo concreto. Me comparaba y me ahogaba en mis propias expectativas egoicas. No sabía en qué era bueno porque no me valoraba. Y no me valoraba porque no me sentía valorado, al menos esa fue la percepción que tuve de niño.

Lo intenté con el fútbol, con el karate e incluso con las motos, pero acabé siendo un osezno de peluche. Recuerdo aquella fiesta de carnaval en la guardería: Daniel disfrazado de Superman, Jorge de pirata, Elena de bruja, y yo, de oso amoroso. Mi superpoder era regalar abrazos. Ahora me río, pero en aquel momento no me hizo ni puñetera gracia.

Mi falta de autoestima y amor propio me impidió conocerme y reconocer y estimular mis habilidades innatas. Las condiciones del entorno son fundamentales para que se produzca un desarrollo consciente y saludable de las habilidades que ya traemos cuando venimos a este mundo. Cuando nos sentimos seguros, protegidos y atendidos, aprendemos a confiar. La buena noticia es que, aunque no hayamos crecido con un apego seguro, hoy, como adultos que somos, tenemos la posibilidad de reconstruir este apego y reeducarnos para ejercer nuestros dones.

Estoy seguro de que eres bueno en más cosas las que crees. Como en los ejemplos del vaso, el bolígrafo o la cama, todos podemos desempeñarnos muy bien en una o varias áreas, haciendo cosas que quizás ahora ni tan siquiera nos imaginamos. El autodescubrimiento te ayuda precisamente a recordar lo que has olvidado para sacar todo lo que llevas dentro. Pero de momento, para facilitar el proceso, hagamos la pregunta al revés: ¿para qué no sirves? Anota tres cosas que no se te dan bien.

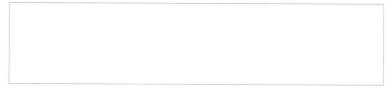

Usamos la técnica del descarte porque a menudo tenemos más claro lo que no que lo que sí. Antes de terminar este apartado, ten presente que a veces somos nosotros mismos los que nos desvalorizamos: tal vez tengas destrezas que solo necesitan ser desarrolladas. Seguramente tienes dudas. Las iremos despejando a medida que avancemos.

5.2. TUS BARRERAS INVISIBLES

Para reconocer nuestros dones, primero tenemos que conocernos. Nacemos libres y auténticos. Un niño no tiene miedo a experimentar ni siente ningún temor a equivocarse. Pero a medida que crecemos nos vamos separando de lo que somos. Tenemos demasiadas capas encima. Hacer visible lo invisible es elemental.

La sociedad en que crecemos nos marca la senda con sus propias directrices. El modelo «educativo» del viejo sistema industrial inhibe nuestros dones, clonando estudiantes para convertirlos en títeres, individuos estandarizados y ciudadanos obedientes. Activamos el «modo Ikea» —flechas en el suelo que nos van diciendo por dónde debemos ir—, en lugar de elegir el camino que queremos seguir. Sucumbimos a la pereza intelectual, abandonamos nuestra capacidad de decidir y nos convertimos en seres pasivos que viven por inercia. Tal y como dijo Malcolm Muggeridge: «Solo los peces muertos siguen la corriente». El abanico de posibilidades se reduce básicamente a una única opción: la que nos imponen.

«El niño es un ser que nace libre y poco a poco es domesticado a través del miedo», decía Claudio Naranjo. ¿Quién no ha oído frases como «No hagas esto», «Eso está mal», «Si eres bueno, te compro X», «Se hace de esta manera», «No vas a llegar a nada en la vida», «Me vas a volver loca», «Si no haces esto, te voy a castigar»?

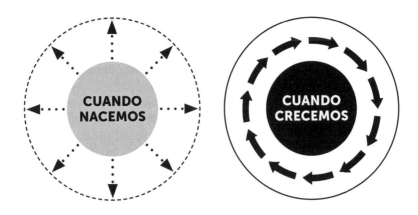

CUANDO NACEMOS

CUANDO CRECEMOS

¿Qué sucede cuando no haces lo que tu alma anhela por miedo, cuando te niegas a ti mismo y no te dedicas a lo que amas? Ocurre que tu autoestima se resiente. Vas perdiendo confianza. Tu llama interna se apaga. Por eso como adulto es tan importante abrazar a tu niño interior y hacer un proceso terapéutico regresivo para indagar en la infancia y todo lo que allí no ha quedado resuelto. Para mí fue revelador hacer reprogramación de ADN, constelaciones familiares y, por supuesto, un trabajo psicológico transpersonal, entre otras muchas cosas.

¿A qué me refiero cuando hablo del «niño interior»? A la estructura psicológica más vulnerable, un concepto metafórico cuyo origen suele atribuirse al psicólogo Carl Gustav Jung y su arquetipo del «Niño Divino», que simboliza esa parte emocional e infantil de nuestro ser que aún no ha madurado y que necesita recibir atención y afecto. No nos han enseñado a amarnos, no nos dejaron ser. Es por eso que como adultos vivimos con un niño interior herido y asustado. Los traumas no resueltos de la infancia, las distorsiones en la interpretación de aquello que experimentamos, las necesidades afectivas básicas no cubiertas y ciertos patrones de conducta disfuncionales nos hacen vivir bajo una coraza. Adoptamos un personaje, especialmente en momentos de estrés, que nos impide ser quiénes somos y desatar nuestro verdadero potencial. La herida de nuestro niño interior puede ser de cinco tipos: abandono, rechazo, humillación, traición e injusticia. Para profundizar en este tema, te recomiendo el libro *Abraza a tu niño interior: nunca es tarde para sanar la infancia*, de Victoria Cadarso. Hasta que te ocupes de esto, vas a seguir peleado contigo mismo y con la vida. ¿Sabes cuál es la herida de tu infancia? ¿Qué necesitas sanar? ¿Qué te impide avanzar? ¿Qué necesitas soltar o corregir? ¿Cómo fue la relación con tus padres? ¿Cómo es actualmente? ¿En qué temas te sientes estancado? Todo eso se trabaja en terapia. Es un proceso interno, profundo, doloroso. Si te duele una muela, vas al dentista, si te duele el alma porque anímicamente no te sientes bien, ¿por qué no vas al psicólogo o te dejas ayudar por un terapeuta? Si no haces las paces con tu pasado, un proceso que te permitirá conocerte, tus capacidades permanecerán ocultas.

Fricciona tus manos durante algunos segundos. Siente el calor. Ahora llévalas al corazón. Ahí está tu fuego. Cierra los ojos, respira de manera profunda y consciente. Cuando no ejerces tus dones, enfermas. El amor a uno mismo es esencial para que se manifiesten tus dones. El camino se te muestra con claridad cuando vences tus dudas, cuando alimentas tu capacidad de ser lo que potencialmente eres. Y no se trata tanto de lo que quieres hacer, sino de identificar aquello que no te deja hacerlo. ¿Qué te impide ser?

Es una pregunta clave que necesita ser respondida con la mayor honestidad posible. Anota todas tus barreras invisibles, aquellos miedos, dudas, inseguridades, emociones reprimidas, limitaciones, condicionamientos que seas capaz de distinguir a estas alturas de la lectura para trabajar en ellas. Todo lo que vayas registrando aquí será revelador, pues no puedes derribar un muro que no ves. Al hacerlas visibles, tus barreras dejan de ser infranqueables. Regresa a esta página cada vez que reconozcas una nueva barrera.

Desnúdate..., ¡libérate de tus barreras invisibles!

¿Por qué ocultas quién eres de verdad? ¿Por qué te escondes? Lo haces por motivos que has aprendido, que tu mente ha creado como mecanismo de supervivencia. Todas estas «interferencias» generan bloqueos y son la causa principal de que no ejerzas tus dones. Es normal sentir resistencias, pero es justamente ahí donde está tu potencial de crecimiento. Por ejemplo, si el miedo al qué dirán es una de tus barreras invisibles, atravesarla es precisamente lo que rehabilitará tu autoestima y fortalecerá una confianza en ti mismo de la que hoy careces. Tu miedo se diluye cuando dejas de juzgarte, cuando el juicio ajeno y ese temor patológico al rechazo o las críticas deja de preocuparte. No puedes gustar a todo el mundo. De hecho, si lo haces, probablemente no estés siendo tú mismo.

5.3. CALIBRA TU BRÚJULA INTERIOR

¿Qué es un don? ¿Tenemos uno o varios? Un don es un regalo, algo que recibes. Es una habilidad que se nos ha dado para hacer una tarea. Cuando reconoces tu don y lo honras, tu autoestima se dispara. Hay dones más evidentes y otros que no lo son tanto. Todos nacemos con la música dentro, somos una melodía que traemos de serie.

Todos tenemos dones que cobran sentido cuando se comparten. Se activa, así, la magia de estar vivos. Nos observamos con amor para reconocer lo que somos. Y también con humildad, para no caer en las garras del ego.

No puedes saber en qué destacas si no te consideras una persona valiosa. El valorarte a ti mismo está conectado con definir tus valores y vivir alineado con ellos. Vamos, entonces, a calibrar tu brújula interior, definiendo no solo tus valores sino también otros indicadores que nos ayudarán a dibujar un mapa vital que te oriente y aporte claridad.

VALORES   RETOS

LOGROS   POTENCIALIDADES

FORTALEZAS   ASPIRACIONES

MOTIVACIONES   NECESIDADES

¿Dónde estás ahora? Valores, logros, fortalezas y motivaciones.

¿Adónde te diriges? Retos, potencialidades, aspiraciones y necesidades.

1. **Valores:** pueden ser tus virtudes destacadas y los aspectos positivos de tu personalidad. Reflejan principios e ideales, todo aquello que valoras o que consideras importante, lo que es esencial para ti. Es una forma de conectar con tus motivaciones internas. Definir y honrar tus valores es fundamental para construir una vida en sintonía con tu ser. En mi caso, mi valor fundamental es la libertad y la autenticidad, además de otros como la coherencia, la sabiduría, la honestidad, el amor y la plenitud.

2. **Necesidades:** todas aquellas cosas que te conectan con tu esencia, que te calman, que te nutren, que elevan tu energía, que te llenan de alegría y te hacen feliz (como vimos en el segundo capítulo). En lo personal, necesito vivir cerca del mar, en contacto con la naturaleza, alejado

de la ciudad. Necesito sentirme libre. Meditar o practicar deporte me ayuda a bajar el ruido mental. Viajar, vivir nuevas experiencias y aventuras por el mundo, divulgar, comunicar, compartir, motivar, ayudar.

3. **Motivaciones:** lo que te impulsa cada día a levantarte de la cama. Si no tienes motivos para vivir, tu vida carece de sentido. Descubre tus motivos internos, tus motivaciones reales. A mí me motiva sencillamente vivir, sentirme realizado, seguir aprendiendo cosas nuevas, inspirar a otras personas con mi propia transformación, liderar proyectos con propósito y acompañar en su proceso de cambio a los inconformistas que desean reinventarse.

4. **Aspiraciones:** son tus motivaciones con vistas al futuro, es aquello que deseas conseguir, tu proyección a medio y largo plazo. En mi caso, aspiro a seguir disfrutando de una vida que elijo y a compartirla con quien elijo, sintiéndome cada día más libre —una necesidad y también una aspiración—; deseo seguir madurando y expandiendo mi consciencia y compartiendo todo este aprendizaje en nuevas iniciativas. Y ser padre.

5. **Logros:** lo que has conseguido en tu vida personal y profesional, tus hazañas. Cualquier conquista que valores como tal, por «pequeña» que sea. Para mí fue superar la enfermedad que tuve en la adolescencia; dejarlo todo en 2015 para viajar al otro lado del mundo; emprender mi propio proyecto profesional para dedicarme a lo que verdaderamente me apasiona. Encontrar a mi llama gemela, la mujer de mi vida.

6. **Retos:** desafíos que te propones a medio y largo plazo. Una vida sin retos es una vida sin emoción. Por ejemplo, este libro ha sido uno de mis mayores retos. Si lo estás leyendo es que lo he conseguido (así que a partir de ahora tendré que pasarlo a la columna de logros).

7. **Fortalezas:** son tus dones y talentos naturales, tus capacidades y habilidades innatas. Si no eres capaz de identificar tus fortalezas, pregunta a alguien de tu entorno cercano. Si tuviera que mencionar alguna de mis fortalezas,

escogería la determinación, el compromiso, la claridad mental, mi capacidad de liderazgo y mis dotes de comunicación.

8. **Potencialidades:** son tus capacidades dormidas, aquellas que puedes desarrollar y mejorar con aprendizaje y entrenamiento. Cuando descubres tus potencialidades, te das cuenta también de que debes educarlas para que se conviertan en fortalezas. En mi caso, por ejemplo, tuve un flechazo con la astrología psicológica. Descubrí que se me daba genial leer e interpretar. Empecé a incorporar la lectura de carta natal con orientación vocacional en mis consultas privadas.

Escribe al menos tres conceptos en cada uno de los cuadrantes de tu brújula:

DÓNDE ESTOY	ADÓNDE ME DIRIJO
Valores	Necesidades
Logros	Retos
Fortalezas	Potencialidades
Motivaciones	Aspiraciones

Calibrar tu brújula interior te puede ayudar a trazar tu propio camino. Una vez definidos estos indicadores, trata de incorporarlos en tu día a día. Revísalos cada cierto tiempo, ponte pósits en la nevera si hace falta. Empieza a elegir ser fiel a ti mismo. Construye una experiencia de vida plena y coherente contigo mismo, no con lo que otros te quieran imponer. Por ejemplo, si tu valor fundamental es la libertad, pregúntate: «¿Esta decisión me hace más libre?».

5.4. CREENCIAS QUE EMPODERAN

Una vida plena no se sostiene sobre las creencias, las opiniones y los deseos egoicos de segundas y terceras personas. Vivir con plenitud, bienestar y libertad implica salir del estado de sedación en el que vivimos. Por eso, a medida que vamos despertando, parece que duele más: la anestesia deja de hacer efecto, cada vez somos más conscientes.

Cuando descubres que tu pensamiento ha sido moldeado por las diferentes instituciones del sistema (familia, sistema educativo, religión, cultura, medios, tradiciones), dejas de creer en lo de fuera, empiezas a creer en ti. Pasas de ese «pensamiento único» en el que has vivido inmerso a un pensamiento crítico o divergente que te permite discernir lo propio y configurar tu manera de entender la vida, al margen de lo que otros quieran.

No existe un modelo de vida ideal que se nos pueda aplicar a todos. En nuestra sociedad, la cantidad de personas infelices salta a la vista. Yo era una de ellas. Existe tu vida potencial, aquella que puedes manifestar si dejas de aparentar. En este proceso, hay que «rascar» para dejar al descubierto tu verdadero potencial.

Murray Bowen, uno de los pioneros en terapia familiar, habla de la importancia de la diferenciación del sí mismo en el sistema familiar. Un apego no resuelto es una barrera que te impide evolucionar. Si el proceso de separación y desvinculación de tus padres está incompleto, aunque sea en un plano muy sutil, te conviertes en una persona adulta indiferenciada, identificada con las creencias recibidas por tu familia de origen, y probablemente con una actitud egoica, reactiva y neurótica ante la vida. Trabajar en tu propia individualización es parte inexcusable del proceso que estamos abordando.

Ahora vamos a ver cuatro creencias limitantes en contraposición con cuatro creencias potenciadoras, que te permitirán romper, además, con el viejo paradigma para expandirte. Parecen básicas, pero te abrirán el camino hacia tu poder personal y te ayudarán a florecer y prosperar en esta nueva era profesional.

CREENCIAS LIMITANTES	TRADUCCIÓN MENTAL	CREENCIAS QUE EMPODERAN
Que te impiden ser lo que potencialmente eres	Pensamiento generado en tu inconsciente	Para desarrollarte en este nuevo paradigma
Tienes que ganarte la vida	La vida es dura y debes sacrificarte para ser feliz	La vida me pertenece por estar vivo, ¡y la vivo a mi manera!
Estudia una carrera con salidas laborales	Debes estudiar para ser alguien en la vida	Si me dejo ser lograré reconocer mi verdadero potencial
Trabaja para una buena empresa	Si no tienes un buen puesto de trabajo serás un fracasado	Puedo trabajar para mí y diseñar una actividad profesional a mi medida
Si haces lo que te gusta te morirás de hambre	Dedicarte a lo que te apasiona es un error	Conecto mis dones con una profesión consciente y rentable

5.5. LA ZONA DE GENIALIDAD

Para activar nuestros dones, debemos desandar el camino que nos propone la sociedad: ir del autómata al genio, que, según Michio Kaku, es nuestra condición al nacer. Esta vez, se trata de una elección consciente. Tú decides cuándo empezar a estimular tu creatividad para desbloquearte, conectar con tu niño interior y despertar al genio que llevas dentro.

Según una encuesta de Gallup, que desde el año 2000 viene recopilando información de millones de empleados de todo el mundo, cerca del 80 % de las personas se sienten frustradas e insatisfechas con su trabajo. No nacemos autómatas, nos vamos convirtiendo en máquinas automáticas y programables.

La sociedad está llena de artistas reprimidos y genios oprimidos. Como siempre pasa, lo verdaderamente complejo no es pasar de ser autómatas (como arquetipo) a ser artistas (lo que somos) o genios (lo que potencialmente somos), sino identificar todo aquello que no te está dejando hacerlo. Ya sabes, tus miedos, tus dudas, tus temores, tus creencias, tus bloqueos, tus traumas; en una palabra, tus barreras invisibles.

Un genio no florece en las instituciones académicas, es una flor silvestre que crece libre de condicionamientos. Cuando utilizo el término *genio*, no me refiero a ser un Albert Einstein o un Nikola Tesla, sino a la capacidad que todos tenemos de ser quienes somos, para crear una vida singular y emocionante, inventando cosas: ya sean galletas o libros, cuadros o páginas web, lo que te dé la gana.

¿Cómo dejamos de ser autómatas para volver a ser lo que somos? ¿Cómo sacamos ese genio que llevamos dentro? En palabras de Gay Hendricks, autor del libro *Tu gran salto* (2009): «¿Estás dispuesto a incrementar la cantidad de tiempo que dedicas a sentirte bien por dentro?».

ZONA DE INCOMPETENCIA	ZONA DE COMPETENCIA
LO QUE NO DEBERÍAMOS HACER	LO QUE HACEMOS BIEN PORQUE NOS TOCA
Tareas que no nos gustan y no se nos dan bien. Todo aquello que tenemos que delegar o dejar de hacer.	Lo que hacemos el 80 % del tiempo que nos da el 20 % de los resultados. Lo que hacemos la mayor parte del día.
ZONA DE EXCELENCIA	**ZONA DE GENIALIDAD**
LO QUE HACEMOS MUY BIEN	LO QUE HACEMOS MEJOR QUE NADIE Y NOS FASCINA
Aquello para lo que te has formado, aunque no te apasione. Cosas que se te dan muy bien, aunque no tengan que ver con tus dones principales.	Nos expresamos de manera única y genuina. Brillamos. Al llegar aquí muchas veces nos saboteamos.

La clave está en la zona de genialidad, lugar en el que conectas con tus dones, con tus talentos únicos, con tus fortalezas, con tu misión de vida. Seguiremos profundizando en ello. Elimina el tiempo que dedicas a tareas de la zona de incompetencia, mientras aumentas las actividades de la zona de competencia y excelencia. Todo esto impactará notablemente sobre tu autoestima. A medida que vayas invirtiendo más y más tiempo en la zona de genialidad, tu energía vital se irá multiplicando. Esto tiene mucho que ver con tu potencial, tema que abordaremos en el siguiente capítulo.

5.6. EL VIAJE DEL HÉROE

El psicólogo Carl Gustav Jung, en su obra *Acerca de la psicología del arquetipo del niño* (1940), describe al héroe como «el arquetipo basado en superar obstáculos y conseguir ciertos objetivos cuyo destino final es vencer al monstruo de la oscuridad» y señaló unas características compartidas por todos los héroes mitológicos.

Joseph Campbell, antropólogo y mitólogo americano, siguiendo las huellas de Jung, profundizó en este tema en su célebre libro *El héroe de las mil caras* (1949), afirmando que «la cueva oscura donde temes entrar es donde está tu tesoro».

Esto conecta con el concepto de la sombra —aquellos rasgos que el yo consciente no reconoce como propios y que están sumergidos en el inconsciente— y con «la noche oscura del alma»[1] de la que tanto hablan los grandes maestros espirituales, una etapa necesaria de nuestro desarrollo que se caracteriza por una sensación de soledad y de profunda crisis, cuyo propósito no es otro que sanar nuestros traumas para liberarnos de nuestros miedos internos más profundos.

Todas las culturas han creado sus propias historias para compartir conocimientos, transmitir valores e inspirar a sus comunidades. El «viaje del héroe» es uno de los modelos o patrones que estructuran muchos mitos clásicos, y lo encontramos en los personajes de los relatos modernos del cine o la literatura, así como en personas reales de carne y hueso. Es un esquema cultural que se proyecta en lo cotidiano, reproduciéndose generación tras generación, y con el que seguramente tú también te sientas identificado. El «viaje» empieza por dentro y se divide en tres grandes fases: separación, pruebas y regreso. En este proceso, el héroe vive una transformación.

---

[1] La expresión en la tradición cristiana proviene del título de un poema de San Juan de la Cruz, místico cristiano del siglo XVI. El poema narra el viaje del alma, durante la noche —metáfora de las dificultades y penalidades que enfrenta—, que culmina en la unión con Dios.

PRIMERA FASE
SEPARACIÓN

Vuelta a casa

TERCERA
FASE
REGRESO

SEGUNDA FASE
PRUEBAS

ETAPA 1
Farsa o jaula invisible

ETAPA 2
Adversidad o llamada a la aventura

ETAPA 9
Despertar o iluminación

ETAPA 8
Transformación o sanación

ETAPA 3
Crisis existencial u oportunidad

ETAPA 7
Renacimiento o revelación

ETAPA 4
La noche oscura del alma

ETAPA 6
Cuestionamiento

ETAPA 5
Victimismo o autorresponsabilidad

Cruce del umbral

MUNDO ORDINARIO

MUNDO ESPECIAL

«El héroe se lanza a la aventura desde su mundo cotidiano a regiones de maravillas sobrenaturales; el héroe tropieza con fuerzas fabulosas y acaba obteniendo una victoria decisiva; el héroe regresa de esta misteriosa aventura con el poder de otorgar favores a sus semejantes», nos dice Joseph Campbell a propósito de este viaje.

El objetivo final, como puedes ver, no es solo tu transformación personal, sino la utilización del aprendizaje realizado para inspirar y motivar a otros a completar su propio viaje, para «otorgar favores a tus semejantes», es decir, convertirte en un «mentor o maestro», sirviendo como ejemplo, compartiendo tus dones y dejando un legado para que otros tomen el testigo. Muchos lo acaban profesionalizando y dedican su vida a acompañar a otros exploradores.

Antes de avanzar, resumiré las nueve etapas del viaje del héroe, según mi propia experiencia y adaptadas al contexto actual. Recopilo aquí muchas de las ideas que hemos ido comentando en páginas anteriores. Quien inicia un proceso de cambio, suele encontrarse en la segunda fase: las pruebas. A ver en qué etapa del viaje crees que te encuentras. Es posible que te identifiques con varias.

Etapa 1: Farsa o jaula invisible

Todos arrancamos el viaje en un «mundo ordinario», viviendo una vida normal y corriente, similar a la de nuestros semejantes. El rasgo principal es la ignorancia, que genera intolerancia, queja, victimismo. Vives en la zona de confort de una vida rutinaria, aparentemente segura. Te has creado una falsa identidad (ego), en la que crees, sobre la base de un sistema de valores y creencias que no es tuyo, pero con el cual te identificas. Eres una copia de papá y mamá. Has sido adoctrinado por el sistema que sostiene todas tus carencias. Te autoengañas. Muy en el fondo, sabes que no te sientes bien, que tiene que haber algo más. Vives enjaulado dentro de una cárcel mental, pero no te has cuestionado nada.

Tu «felicidad» depende de lo de fuera. Como te sientes vacío por dentro, recurres de forma inconsciente al uso de las prácticas sedantes y narcotizantes del viejo paradigma —las gratificaciones inmediatas—, te distraes. Haces todo lo posible por ocupar tu tiempo para no estar a solas contigo mismo. Te desconoces a tal punto que sería como tener una cita a ciegas con un extraño, algo que te resultaría perturbador.

Etapa 2: Adversidad o llamada a la aventura

Entonces algo sacude tu vida: es un zarandeo que te hace abrir los ojos y girar la cabeza. Te han despedido del trabajo, has roto con tu pareja, ha muerto un ser querido, has sufrido un accidente, una enfermedad, una situación traumática, una quiebra económica. Tu mundo se tambalea. Sufres, pero no lo suficiente como para iniciar el cambio, por eso al principio rechazas la llamada y vuelves a caer en lo mismo de siempre.

Etapa 3: Crisis existencial u oportunidad

Suele asociarse con la «crisis de la adolescencia» o con la «crisis de los cuarenta», que son crisis de identidad en las que te replanteas todo, pero puedes experimentar grandes crisis en cualquier momento de la vida, e incluso varias veces. Es ese famoso «clic» del cambio, que como tal es una oportunidad de crecimiento.

Empiezas a sentir que algo falta. Estás harto de estar harto. Es una «crisis de sanación». Te quitas la venda de los ojos, abres la mente, activas el corazón. Empiezas a tomar consciencia del personaje que representas, de la farsa en la que estás inmerso. También te sientes amargado, perdido; no sabes qué hacer con tu vida. Durante la crisis, suele aparecer la figura del mentor, puede ser un referente, un familiar, un amigo o una lectura. Dice el famoso proverbio zen que «Cuando el alumno está preparado, aparece el maestro».

Etapa 4: La noche oscura del alma

¡Por fin te atreves a dar un paso al frente! Cruzas el umbral del mundo ordinario hacia el «mundo especial», te abres a lo desconocido, a lo nuevo e incierto. Lo haces gracias a que ya no puedes más. Suele suceder cuando tocas fondo. Dejas de engañarte. Tomas consciencia de que lo que tanto anhelas está dentro de ti y de que el único obstáculo para lograr lo que buscas eres tú, pues el mundo en que vives es un reflejo de tu realidad interior, de la que eres responsable.

Es la primera etapa clave: sientes una fuerte necesidad y ganas de cambiar. Reconoces que estás perdido, todo un avance. Aceptas que no eres feliz. Empiezas a madurar, a mirar hacia adentro. Sientes que algo se remueve en tu interior. No te sientas mal por eso, tan solo estás sanando.

Etapa 5: Victimismo o autorresponsabilidad

Aparecen obstáculos, penurias. Te ves en apuros. Estás transitando un duelo: es un proceso de adaptación emocional similar al que experimentamos en una pérdida, estamos dejando ir lo que no somos. Puede que por momentos reacciones de manera egoica: te cabreas, te enfadas, te lamentas. Tu ego activa toda su artillería, se resiste al cambio. Muchos caen en el victimismo y se quejan: «La culpa es del gobierno», «Mi jefe es un idiota», «La vida me trata fatal», «¿Por qué a mí?», «¿Qué he hecho yo para merecer esto?». Te compadeces de ti mismo con una actitud infantil e inmadura que no cambia nada. Muchos se medican para neutralizar el dolor, otros se suicidan porque el malestar es insoportable.

Pero hay quienes dejan de quejarse y logran asumir su responsabilidad, afrontando la adversidad y aprovechando el poder transformador del sufrimiento. No hay aprendizaje ni crecimiento cuando las cosas son fáciles, sino cuando te enfrentas a tus temores más intensos. Estás harto de estar harto, ya no puedes más. Cuando el hartazgo de malestar sobrepasa el miedo al cambio, entonces inicias la siguiente etapa del viaje.

Etapa 6: Cuestionamiento

Es la segunda etapa clave: la gran prueba. Empiezas a cuestionarlo todo, tus creencias, tus valores, tu falso concepto de identidad, el sistema social en el que vives. Aparecen los aliados y los enemigos. Entras en la «cueva más profunda» y vives una auténtica odisea. Es el combate final. Te quitas la careta, dejas caer la coraza, vas retirando capa tras capa para quedar desnudo. Dejas de vivir hipnotizado.

Desaprendes. Sueltas lo viejo, lo que ya no sirve. Te vacías para dejar espacio para lo nuevo. Cambias tus hábitos, cambia tu entorno, renuncias a tu trabajo, practicas actividades diferentes, te vas de viaje para «encontrarte a ti mismo», etcétera. Te rebelas. Empiezas a ser consciente. Te planteas preguntas incómodas. Descubres quién no eres, qué no necesitas y en qué eres bueno. Tomas las riendas de tu vida.

La vida te trae la misma situación una y otra vez hasta que la superas: por fin respondes ante ella de una manera diferente.

Etapa 7: Renacimiento o revelación

Es la muerte de lo viejo, del yo fabricado, y el renacimiento del yo verdadero, genuino, ese que ha estado escondido y olvidado, quien siempre has sido ahora que por fin recuerdas. El yo superior con el que conectas en esta fase te permite entrar en el estado de *flow*. Aparecen las sincronicidades: dejas de llamar casualidades a la manifestación espontánea de tus anhelos. Estás en el camino correcto. Todo fluye y confluye.

Exploras y experimentas cosas nuevas, es una etapa de autodescubrimiento. Estás volviendo a nacer. Y como el Ave Fénix, renaces de tus cenizas.

Muere el personaje, la farsa. Ahora te reconoces y puedes reinventarte de modo genuino. Sacas fuera lo que llevas dentro: liberas tu potencial reprimido y lo conectas con una actividad profesional con la que aportas valor al mundo. Y llega la recompensa.

Etapa 8: Transformación o sanación

La ignorancia se transforma en sabiduría. Poco a poco, el sufrimiento deja paso a la felicidad, el bienestar y la plenitud. Inicias lleno de gratitud el camino de vuelta a casa. Cambias de paradigma, de mentalidad, de actitud. Transformas tu mundo interior y, al hacerlo, tu vida cambia porque tu mirada ha cambiado. Tu percepción y compresión se han transformado. Pasas de lo superficial a lo profundo, de lo material a lo espiritual, de lo trivial a lo trascendental, de lo secundario a lo esencial, del ego al ser. Y floreces.

Etapa 9: Despertar o iluminación

Regresas transformado a tu hogar: vuelves a casa, pero ya no eres el mismo que inició el viaje. Retornas al «mundo ordinario» con el «elixir», esa sensación profunda de abundancia y agradecimiento por todo lo que has aprendido a raíz de las experiencias vividas, por el proceso, por cada etapa del viaje. Es una liberación, aunque no ha sido nada fácil.

Comprendes que la felicidad egoica es una versión de segunda mano de la felicidad auténtica. Te sientes conectado con el ser. Disfrutas de lo banal, pero desde otro nivel de consciencia. Disfrutas del aquí y del ahora, de una vida conectada con tu propósito. Has encontrado el refugio dentro de ti, has descubierto tu tesoro, has despertado. Te amas, confías plenamente y te enamoras como un niño de la vida. Te das cuenta de que durante mucho tiempo habías estado buscando en el lugar equivocado: afuera de ti mismo.

Por fin estás en calma. Te sientes bien, mucho mejor que antes de emprender este viaje que tanto te asustaba al principio. Es una travesía que puede durar meses, años o varias vidas.

ETAPA 1	ETAPA 2	ETAPA 3
Farsa o jaula invisible	Adversidad o llamada a la aventura	Crisis existencial u oportunidad
• Ignorancia • Comodidad • Autoengaño • Mirada afuera • Desconexión	• Sacudida • Se derrumba lo de fuera • Vacío interior • Sufres, pero no lo suficiente	• Estas harto de estar harto • Tocas fondo • Te quitas la venda de los ojos • Te sientes perdido y lo aceptas

ETAPA 4	ETAPA 5	ETAPA 6
La noche oscura del alma	Victimismo o autorresponsabilidad	Cuestionamiento
• Cruzas el umbral • Te abres a lo desconocido • Dejas de engañarte • Mirada adentro • Cambio	• Lo utilizas como oportunidad de crecimiento o caes en el victimismo y te quejas • Resistencias, miedos y dudas	• Desaprendes • Asumes tu responsabilidad • Sueltas lo viejo que ya no sirve • Tomas consciencia

ETAPA 7	ETAPA 8	ETAPA 9
Renacimiento o revelación	Transformación o sanación	Despertar o iluminación
• Conectas contigo • Experimentas • Muere el personaje	• Sabiduría • Gratitud • Abundancia • Tu percepción cambia	• Liberación • Vuelves a ti • Sintonizas con la vida • Inspiras a otros

Ernest Hemingway decía que «todos estamos rotos y así es como entra la luz». La herida, por mucho que escueza, funciona como una medicina si la miramos de frente para curarla. Las heridas nos permiten conocernos, crecer. Son experiencias del ser que necesitas sentir para trascender. Y las grietas, finalmente, se convierten en cicatrices. En esto consiste vivir, nadie sale ileso.

Si la adversidad ha llegado a tu vida, si estás sufriendo una profunda crisis existencial o si te encuentras inmerso en la noche oscura del alma, te sugiero una cosa: no recurras al victimismo. Todos hemos caído en él y no sirve de nada, pero es terriblemente adictivo.

Sanar significa limpiar, soltar, aceptar, liberar. De pronto todo aquello con lo que te identificabas, alineado con tu apariencia egoica, no tiene nada que ver con tu condición actual, alineada con tu esencia. Tu vibración interna ha cambiado. Es razonable que lo de fuera también: tal vez ya no te sientas igual de ilusionado con tu trabajo de siempre, quizás no te satisface como antes, es posible que no sientas lo mismo por tu pareja o que no resuenes con tus amigos de toda la vida. Ellos no han cambiado, lo has hecho tú.

Es un proceso en el que puedes sentirte inestable. Seguramente vayas experimentando de forma intermitente diferentes síntomas físicos (liberación de toxinas con un incremento del sudor, orina, evacuaciones, sarpullidos, dolor de cabeza, mareos, fiebre, mayor percepción sensorial, alteración en tus rutinas de sueño) y emocionales (ira, tristeza, miedo, odio, confusión, ansiedad, preocupación, insomnio, estados depresivos). Hay mucho alboroto dentro de ti. No lo escondas, no lo juzgues, no lo reprimas. Vívelo. Es el inicio de la mayor aventura que cualquiera puede experimentar.

Empieza por añadir algo «extra» a lo ordinario, por asumir el compromiso consciente de que cada día sea único, especial, sin necesidad de que suceda nada «extraordinario».

Sigamos avanzando. Si la semilla eres tú, el fruto del árbol que potencialmente eres tiene que ver con aquello que puedes aportar y ofrecer al mundo a partir de tu propio potencial.

«LA VERDADERA TAREA DEL SER HUMANO NO ES MÁS QUE CONSEGUIR SER LO QUE POTENCIALMENTE SOMOS.»

Erich Fromm

6. DESATA TU POTENCIAL

EN ESTE CAPÍTULO...

> Descubrimos tus pasiones, talentos y conocimientos para liberar tu potencial innato. Y aplicamos la exploración experimental para validarlo.

6.1. TU POTENCIAL INNATO

«¿Qué estás esperando? Encuentra tu propia voz. Cuanto más tardes en empezar a buscarla, más difícil te será encontrarla.» Walt Whitman

Todos tenemos una gran capacidad y podemos crecer y desarrollarnos hasta donde queramos, manifestando cada vez mayor potencial para vivir en coherencia con lo que realmente somos y sentimos. Tu potencial disponible tiene que ver con tu don, con esa habilidad especial o destreza natural que hay dentro de ti y que puedes desplegar para brillar, que te expande, que te conecta con tu esencia y que te da la oportunidad de expresar tu singularidad.

Todos tenemos dones para algo, incluso para varias cosas: para para la comunicación, el liderazgo, el deporte, la escucha, el diseño, la empatía, la enseñanza, la oratoria, la estrategia, el marketing, la cocina o la escritura. Algunos de estos dones son más concretos y otros más intangibles. Y algunos de ellos se pueden monetizar.

Tu potencial es «eso» que te permite sacar tu propia voz, que te apasiona, que se te da bien y de lo cual posees información que has ido adquiriendo. Su punto de partida es todo lo que ya sabes y lo que puedes aprender. Tu potencial —pasiones, talentos y conocimientos— es una mezcla de diferentes elementos y variables que iremos profundizando en este capítulo.

PASIÓN + **TALENTO** + **CONOCIMIENTO**

LO QUE AMAS   LO QUE SE TE DA BIEN   LO QUE SABES

Si tu potencial innato está dormido, te preguntarás cómo lo despiertas. Pero quien tiene que estar despierto eres tú: al potencial no lo despiertas, lo reconoces. Y para reconocerlo, antes tienes que conocerte. Así es como se activa tu potencial. A partir de ahí, debemos honrarlo, dedicándole tiempo y energía.

No puedes liberar tu potencial disponible sin antes:

• Pasar de la apariencia a la esencia, desidentificándote del personaje para trascenderlo, integrando tu oscuridad (capítulo 2 y 3).

• Cuestionar tus creencias limitantes para dejar de vivir según patrones mentales inconscientes, incorporando creencias propias que te empoderen (capítulos 4 y 5).

• Atravesar tus barreras invisibles, todo eso que no te está dejando ser. Abrazar a tu niño interior, identificar tu herida y dejar salir el dolor para repararlo (capítulo 5).

Es necesario derribar estos muros que nos separan de nuestro potencial. Ahora, vamos a definirlo usando la siguiente tabla. No tienes que completarla en este momento. Continúa con la lectura y, cuando finalices el capítulo, vuelves aquí y la completas. En la columna de la izquierda (yo actual), escribe lo que has hecho o lo que haces actualmente, todo lo que se te ocurra, aquellas cosas con las que te has identificado hasta ahora. En la columna de la derecha (yo potencial), escribe lo que potencialmente eres: (1) tus pasiones, (2) tus talentos y (3) tus conocimientos. Utiliza palabras clave si quieres, verbos o sustantivos que quizás se hayan ido repitiendo en tu interior a medida que has ido leyendo el libro.

YO ACTUAL	YO POTENCIAL
LO QUE ERES AHORA	LO QUE POTENCIALMENTE ERES
¡Pon fecha de caducidad y dile adiós a tu vieja versión!	1 ♡
	2
	3
Mi potencial es	

Cuando te dedicas a hacer aquello para lo que has nacido, cobra sentido todo. Esa es la razón por la cual acabamos siendo tan buenos en lo que nos apasiona y no en otra cosa. También es el motivo por el cual la sociedad nos acaba valorando y premiando muchas veces por medio de una retribución económica. Veamos ahora cada uno de los ingredientes que integran tu potencial.

6.2. LO QUE AMAS: PASIÓN

pasión

«Tu trabajo es descubrir tu ~~trabajo~~ y después entregarte a ~~él~~con todo tu corazón.»

ella

Buda

La palabra *pasión* deriva del latín *passio*, que significa 'sufrir'. Proviene del verbo *padecer*. Por eso en el ámbito religioso se habla, por ejemplo, de la pasión de Cristo. Se nos ha enseñado que dedicarnos a lo que nos apasiona implica sufrimiento, sacrificio. Pero tiene también otro significado: es eso que te encanta, esa emoción intensa que se expresa como entusiasmo, deseo, vivo interés o admiración hacia una persona, cosa, idea. Es lo que te estremece el corazón y te hace perder la noción del tiempo.

Tu alma se alimenta de tus pasiones. Si de manera recurrente te dedicas a lo que no te gusta, vives frustrado. Tu energía vital y tu cuerpo se deterioran. Por el contrario, si te apasiona lo que haces y haces lo que amas, no lo sientes como una obligación. Es placentero.

- ¿Puedes tener varias pasiones? ¡Claro!

- ¿Tu pasión puede cambiar? ¡Por supuesto!

Con ayuda de diez preguntas, vamos a reflexionar sobre esto. Tal y como hicimos en el primer capítulo, crea un ambiente amable y busca un espacio tranquilo. Antes de empezar, calma la mente. Respira. Inhala y exhala. Relájate y cuando estés preparado, comienza.

1. ¿Qué te gustaba hacer cuando eras pequeño?

2. ¿Qué disfrutas haciendo ahora como adulto?

3. ¿A qué dedicas tu tiempo de ocio y entretenimiento?

4. ¿Qué es lo que más te gusta y te emociona?

5. ¿Cuáles son tus motivaciones? (Encuentra lo que te mueve.)

6. ¿Cuáles son tus necesidades? (Pueden estar relacionadas con tu pasión.)

7. ¿Cuáles son tus aspiraciones? (Lo que te inspira también te motiva.)

8. ¿Haciendo qué cosas te olvidas del mundo?

9. ¿Haciendo qué cosas te sientes vivo?

10. ¿Qué te gusta tanto que serías capaz de hacerlo gratis?

Anota tres cosas: lo que sientas, lo primero que te surja después de leer las preguntas.

¿Lo tienes? Ahora piensa...

¿Lo harías todos los días por el resto de tu vida sin cobrar nada? ☐ Sí ☐ No

¿A qué te dedicarías profesionalmente si tuvieras la vida resuelta económicamente?

Si ahora mismo pudieras elegir, ¿qué te gustaría ser? No pienses en términos de hacer, sino de ser en términos profesionales, como cuando éramos pequeños y nos preguntaban en el colegio: «¿Qué quieres ser de mayor?». Pero esta vez respondamos de manera consciente. A los nueve o diez años, a esta pregunta solíamos responder de manera condicionada: «Yo de mayor quiero ser futbolista o *youtuber*» o «yo quiero ser médico como mi papá». A esa edad, ya se ha iniciado el proceso de olvido de quienes somos. No nos educan para reconocer nuestros dones. Vamos absorbiendo las creencias de otros. Ahora que te conoces mejor y te estás liberando de todo eso que no eres, ¿qué responderías?

Te doy una pista: no eres lo que haces, eres lo que amas.

6.3. LO QUE SE TE DA BIEN: TALENTO

«La naturaleza ha ocultado en el fondo de nuestra mente habilidades de las que no somos conscientes.»
François de La Rochefoucauld

La palabra *talento* deriva del término latino *talentum*, que proviene, a su vez, del griego *tálanton*. En ambas lenguas hacía referencia a las monedas de oro utilizadas en aquella época. La acepción que damos hoy a la palabra *talento* como aptitud o habilidad para algo tiene su origen en la interpretación de la parábola evangélica de los talentos. Allí se explica cómo algunos sirvientes sacaban diferente provecho de las sumas de dinero entregadas por su amo.

El talento está relacionado con la vocación. Se trata de esa facilidad fuera de lo normal que tienes para hacer algo en lo que eres especialmente bueno, una cualidad poco frecuente y quizás no desarrollada hasta ahora. Pueden ser capacidades innatas (evidentes) o adquiridas (ocultas). Las primeras pueden ser heredadas y se conservan toda la vida, las segundas requieren entrenamiento y ambas se potencian con estudio y práctica. El mérito no es tener un talento —todos lo tenemos—, sino descubrirlo y saber reconocerlo.

¿Qué sucede cuando te obligan a hacer algo para lo cual no has nacido? Que te sientes inútil. Ya lo dijo Einstein: «Todos somos genios, pero si juzgas a un pez por su habilidad al trepar un árbol, vivirá toda su vida creyendo que es un idiota.»

- ¿Puedes tener varios talentos? ¡Claro!

- ¿Tu talento puede cambiar? ¡Por supuesto!

- ¿Tu talento puede ser también una pasión? ¡Obvio!

Reflexionemos con otras diez preguntas. Igual que antes, relájate antes de responderlas. Contesta con honestidad. Recuerda que esto no es un examen.

1. ¿En qué solías destacar cuando eras pequeño?

2. ¿Qué se te da bien de manera natural?

3. ¿Qué haces muy bien sin mucho esfuerzo?

4. ¿Haciendo qué cosas eres especialmente bueno?

5. ¿Qué cosas haces mejor que el resto?

6. ¿Para qué tienes una habilidad especial?

7. ¿Cuáles son tus fortalezas? (Capacidades innatas o evidentes.)

8. ¿Cuáles son tus potencialidades? (Capacidades adquiridas u ocultas.)

9. ¿Cuáles son tus logros? (Pueden ser indicios de esa destreza especial.)

10. ¿Cuáles son tus retos? (Pueden darte pistas.)

Anota ahora tres cosas. Lo que sientas, lo primero que te surja después de leer las preguntas.

> _(espacio en blanco para respuesta)_

¿Lo tienes? Ahora piensa...

- ¿Lo harías los domingos, festivos e incluso en vacaciones?
  ☐ Sí ☐ No

- Si el dinero no fuera un «problema», ¿a qué te dedicarías?

> _(espacio en blanco para respuesta)_

- Si no hicieras profesionalmente lo que haces ahora, ¿qué otra cosa harías?

> _(espacio en blanco para respuesta)_

Es posible que todas estas preguntas te ayuden a reafirmarte. No obstante, tal vez has notado que resulta más fácil identificar tus pasiones que tus talentos. Es normal. Es posible que necesites un poco de ayuda externa. ¿Cómo vas a darte cuenta de eso que se te da tan bien si lo haces de forma tan natural que no lo valoras? ¿Cómo vas a ser consciente, si lo haces sin apenas esfuerzo? ¿Realmente valoras todo lo que eres capaz de hacer? ¿Das lo mejor de ti? ¿Pones en práctica tus capacidades? ¿Dejas que otros las vean?

Vamos a hacer otro ejercicio, muy simple. Pide al menos a cinco personas de confianza de tu entorno que respondan a las siguientes preguntas y anota tus conclusiones:

1. ¿Cuál es mi punto fuerte?

2. ¿Cuál es mi punto débil?

3. ¿Qué es lo primero que te viene a la cabeza cuando piensas en mí?

4. ¿Qué talento innato ves en mí?

5. Dime tres cosas que se me dan bien.

6. Si fuera protagonista de una peli, ¿qué título le pondrías?

Después analiza si difiere mucho de tu propia percepción. Tal vez te sorprendas. Es posible que la imagen que estás proyectando, tu fachada social, no se corresponda del todo con tu yo genuino. O sí.

6.4. LO QUE SABES: CONOCIMIENTO

«La naturaleza nos ha dado las semillas del conocimiento, no el conocimiento mismo.»
Séneca

La palabra *conocimiento* deriva del latín *cognoscere*, formado por el prefijo *con-*, que significa 'todo' o 'junto', y la palabra *gnoscere*, que significa 'conocer'. En un sentido amplio, el conocimiento es la acción de saber, de conocer todo, es decir, adquirir información valiosa para comprender el mundo como resultado de un proceso evolutivo de aprendizaje, lo cual te aleja de la ignorancia, acercándote a la sabiduría. En un sentido estricto, conocimiento es la información acumulada sobre una determinada temática.

No hablamos únicamente del conocimiento curricular (estudios académicos y vida laboral), que puede que no tenga relación directa con tu potencial, sino de ese otro conocimiento innato y adquirido, quizás por otros medios, y que probablemente no has explotado profesionalmente.

Tus habilidades y destrezas especiales, tanto las evidentes como las ocultas, son las semillas del conocimiento. No basta con reconocerlas, tienes que ejercitarlas, estudiar, educarte. Que te guste escuchar a los demás o que tengas una capacidad empática sobrenatural no te convierte en psicólogo o terapeuta, tienes que estudiar Psicología o formarte en algún tipo de terapia, capacitarte y acreditarte, prepararte en la teoría y en la práctica.

Te propongo otra ronda de diez preguntas. Tómate tu tiempo.

1. ¿Qué cosas has aprendido por tu cuenta sin que nadie te haya obligado?

2. ¿Sobre qué temáticas te gustaría aprender más?

3. ¿Qué cosas te atraen, despiertan tu interés y te llenan de energía?

4. ¿A qué se dedican las personas que más admiras?

5. ¿Acerca de qué cosas sueles leer?

6. ¿Sobre qué temas piensas y/o te gusta hablar?

7. ¿Sobre qué asuntos acostumbran los demás a pedirte ayuda?

8. ¿Para qué suelen pedirte consejo tus amigos?

9. ¿Con qué actividad te sientes realizado?

10. ¿Cómo puedes aportar valor al mundo?

Convierte tus pasiones y talentos en conocimiento. Plantéate la siguiente pregunta: ¿qué necesito aprender para ser quien potencialmente soy?

Tal vez tienes alma de artista y tienes un talento innato para el diseño o la cocina. Esa es tu semilla. Pero no te convertirás por arte de magia en diseñador de interiores o chef, el árbol que duerme en la semilla. Para que eso suceda, tendrás que hacer madurar los conocimientos que tienes o adquirir nuevos conocimientos, esa es el agua que necesitas para florecer, para vivir de tu pasión y desplegar todo tu talento.

¿En qué tienes que educarte para liberar tu potencial? ¿Qué herramientas necesitas?

Más adelante veremos cómo estas herramientas tienen mucho que ver con tu profesión. Además de tus herramientas principales (por ejemplo, conocimientos de psicología), necesitarás herramientas o habilidades secundarias (por ejemplo, conocimientos de marketing, oratoria, Excel, etcétera).

Invertir en formación no es negociable: es fundamental para desatar tu potencial. Se puede encontrar este conocimiento en una institución considerada como «autoridad en la materia», que te transmite una enseñanza superior con información estructurada (por ejemplo, las universidades), pero también puedes obtenerlo a través de cursos prácticos, por experiencia propia o de manera autodidacta, a través de canales alternativos «no reglados». Hay muchas más opciones no oficiales además de las instituciones académicas tradicionales. De hecho, si tu objetivo no es trabajar como empleado y lo que quieres es emprender un proyecto o ejercer una actividad profesional por cuenta propia, quizás el título universitario no te sirva más que para decorar la pared de tu habitación.

Seguro que sabes más de lo que crees, aunque, como venimos diciendo, ese es solo el principio. Es posible que sientas un interés genuino hacia ciertos temas sobre los cuales acabes aprendiendo mucho, con mayor o menor esfuerzo.

Después de haber hecho todas estas reflexiones, es hora de volver al primer apartado de este capítulo y completar la tabla.

6.5. ORIENTACIÓN VOCACIONAL

Según el Principio de Correspondencia, «Como es arriba, es abajo; como es adentro, es afuera». Vamos a detenernos en la primera parte del enunciado. Nuestra naturaleza humana es un reflejo de la naturaleza del cosmos. Estudiar la energía de los planetas y dónde estaban ubicados en el cielo el día de nuestro nacimiento nos permite entender mejor la energía del ser humano, es decir, ese potencial disponible que cada cual trae de serie y tiene de manera innata. Cuando nacemos, disponemos de una serie de ingredientes, lo que hagamos con ellos depende de nosotros. ¡Podemos cocinar muchas recetas diferentes!

En mi consultoría privada me gusta recurrir a la lectura de carta natal con orientación vocacional como punto de partida para quienes están perdidos, confusos o se encuentran iniciando un proceso de cambio. Es revelador. Como manual de instrucciones, nos explica cómo funcionamos, cuáles son nuestros talentos, qué patrones de conducta se repiten para que aprendamos, etcétera. Es una herramienta fundamental de autoconocimiento y desarrollo personal, además de un recurso esencial para crecer, evolucionar y seguir tomando consciencia.

La astrología psicológica nos ayuda a reconocer nuestro verdadero potencial. Por ejemplo, identificando el signo y la casa en la que está ubicado tu Sol (dónde brillas, lo que te da vitalidad), el signo de tu Ascendente (lo que proyectas, aquello que tienes que integrar), el signo y la casa en la que está ubicado tu Nodo Norte (misión de vida y potencial de crecimiento), el signo que rige tu casa 10 o Medio Cielo (que suele asociarse con el propósito profesional y la vocación) y el signo que rige tu Casa 5 (creatividad y autoexpresión, de qué forma conectas con tu niño interior) podemos profundizar en tu potencial. Las casas son áreas de experiencia, los planetas son dimensiones concretas y los signos son pautas.

Por simplificarlo, comparto contigo una plantilla personalizable con estos elementos clave. Es muy sencilla. Para calcular tu carta natal de forma gratuita existen cientos de herramientas y sitios web. Yo utilizo https://www.cosmograma.com/. Aquí puedes ver el significado de cada símbolo ubicando el puntero del ratón sobre cada icono. Verás que aparece un

mensaje con información adicional, por ejemplo: «Sol a 21°12'
de Leo en Casa 9», «AC o Ascendente a 18°18' de Escorpio» o
«Nodo Norte a 03°09' de Aries en Casa 5». También puedes
pulsar directamente en «mostrar los detalles numéricos». Esta
es la información relevante que nos interesa ahora mismo. Te
pongo mi ejemplo:

- SOL - Leo Casa 9
- ASCENDENTE (AC) - Escorpio
- NODO NORTE - Aries Casa 5
- CASA 10 (MC) - Leo
- CASA 5 - Aries

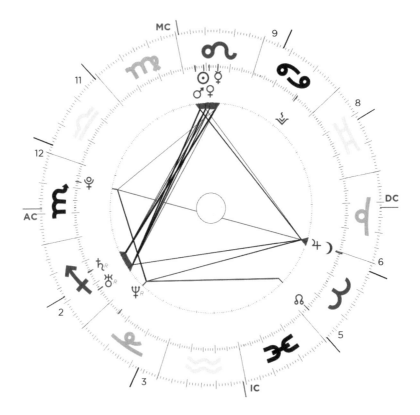

Ahora te toca a ti. Cuando lo tengas, rellena la tabla con esta
información. Descubre los ingredientes con los que cuentas.
¿Qué recetas puedes cocinar con ellos?

MI POTENCIAL

☀️ SOL	AC ASCEN-DENTE	☊ NODO NORTE	🏠10 CASA 10 (MC)	🏠5 CASA 5
Donde brillas, lo que te da vitalidad	Lo que proyectas, tu fachada social	Misión de vida y potencial de crecimiento	Profesión y vocación	Creatividad y autoexpresión
¿Cuál es tu signo solar y en qué casa se ubica?	¿Cuál es tu signo?	¿En qué signo y casa se ubica?	¿En qué signo y casa se ubica? ¿Qué signo rige tu MC?	¿Qué signo rige tu Casa 5?

Explora lo que significa cada elemento buscando en Google. Vas a descubrir información muy valiosa. Es un punto de partida, un diagnóstico superficial en el que puedes ahondar.

Podemos añadir otros aspectos como la posición de la Luna, cómo sientes, lo que te satisface; de los planetas sociales como Júpiter, lo que crees, y Saturno, cómo construyes; de Plutón, lo que te atrae o cómo te transformas, como planeta transpersonal; e incluso de Vesta, el asteroide de la llama interna, lo que te mantiene vivo. Si quieres seguir profundizando y tienes la posibilidad de que un profesional haga una lectura comprensiva y más elaborada de tu carta natal, ni lo dudes. Es una gran inversión en ti mismo. Te permitirá descubrir mucho más acerca de ti y no solo en relación al ámbito profesional, sino en el resto de los aspectos de tu vida.

Existe un campo cuántico de infinitas posibilidades. Dispones de un lienzo en blanco y un arsenal de pinturas. Tu potencial es la energía que tienes disponible, cómo la utilices es cosa tuya. Por eso, dos personas con cartas similares pueden vivir vidas tan dispares. Una lectura genial para iniciarte en este tema es *Somos estrellas* (2019), de Juliana McCarthy, publicado por esta misma editorial. Es una guía moderna y fácil de usar, en la que puedes ir buscando lo que significa cada elemento. La autora lo explica de forma clara y con un enfoque muy pedagógico.

6.6. EXPLORACIÓN EXPERIMENTAL

No puedes encontrar tu propia voz si permaneces en silencio. Es el momento de pasar a la acción. Es hora de explorar tus pasiones, experimentar tus talentos y desarrollar tus conocimientos. Una mente que acumula información sin comprensión no aprende, simplemente memoriza. Información no es lo mismo que conocimiento. Accedes a la información a través del estudio, está dentro del ámbito de la teoría. El conocimiento, en cambio, surge de la experiencia, y eso es lo que te va convirtiendo en un experto. Necesitamos intentarlo una y otra vez, poner en práctica la información, para convertirla en conocimiento, en experiencia.

Creencias **vs.** **Experiencias**

«Creo que» porque me lo han contado   «Sé» porque lo he vivido

Usemos el movimiento como herramienta de autoconocimiento: en un sentido estricto y literal, moviendo el cuerpo —consciencia corporal—, y en un sentido más amplio, saliendo de nuestra zona de confort para evolucionar y acercarnos progresivamente a nuestro auténtico ser.

¿Sabías que las langostas cambian su exoesqueleto varias veces a lo largo de su vida? Llega un momento en que su caparazón se queda pequeño y, fruto de la incomodidad, se sienten obligadas a cambiarlo. A los humanos nos pasa igual que a las langostas, solo que en nuestro caso, dado que la mente es algo más sofisticada, nos cuesta un poco más. Hasta que la incomodidad —hartazgo de malestar— no es mayor que el miedo al cambio, no lo hacemos. Pero cuando sobrepasa ese punto, nos movemos y cambiamos de caparazón, dejando atrás todas nuestras resistencias.

CRECIMIENTO

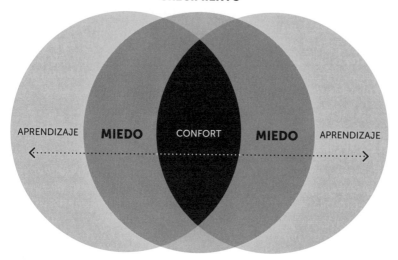

APRENDIZAJE — **MIEDO** — CONFORT — **MIEDO** — APRENDIZAJE

CRECIMIENTO

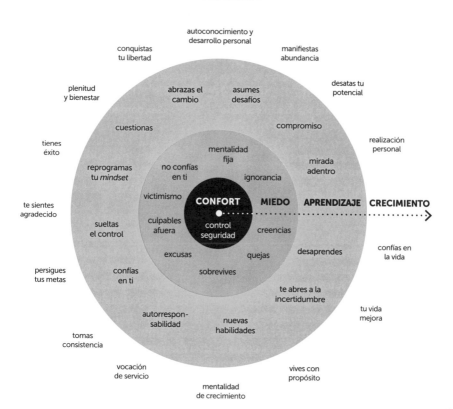

autoconocimiento y
desarrollo personal

conquistas
tu libertad

manifiestas
abundancia

plenitud
y bienestar

abrazas el
cambio

asumes
desafíos

desatas tu
potencial

cuestionas

compromiso

realización
personal

tienes
éxito

mentalidad
fija

reprogramas
tu *mindset*

no confías
en ti

mirada
adentro

ignorancia

victimismo

te sientes
agradecido

CONFORT

MIEDO   **APRENDIZAJE**   **CRECIMIENTO**

culpables
afuera

control
seguridad

creencias

sueltas
el control

excusas

quejas

desaprendes

confías en
la vida

persigues
tus metas

confías
en ti

sobrevives

te abres a la
incertidumbre

tu vida
mejora

autorrespon-
sabilidad

nuevas
habilidades

tomas
consistencia

vocación
de servicio

vives con
propósito

mentalidad
de crecimiento

La vida es una aventura fascinante. Es aprendizaje y cambio, crecimiento y evolución, un experimento sinfín. Los experimentos son experiencias en movimiento: no solo te sacan de tu refugio emocional, sino que te ayudan a avanzar, permitiéndote recordar y reconocer. Pasar de víctima a observador y de observador a cocreador implica dejar de ser turistas de nuestra propia vida para ser auténticos exploradores e ir más allá de la comodidad de un mundo prefabricado. Entramos así en la zona MAC:

Avanzando en el círculo del explorador, surge la magia, se activa tu potencial. Quedarte en la comodidad mantiene tu vida en lo que consideras tu perímetro de seguridad. Allí todo es familiar y previsible, no pasa nada nuevo. Te estancas. No tienes ni te das la oportunidad de saber quién eres y comprobar por propia experiencia aquello en lo que eres bueno.

¿Sabías que tu cerebro busca protegerte a través del miedo y este crea tu zona de comodidad? Lo hace con toda su buena intención. Como tenemos pensamientos dañinos, entregamos información negativa a nuestro cerebro. Vivimos estresados, en un estado de alerta permanente, constantemente preocupados por amenazas externas que nunca llegan a materializarse. Frente a esto, tu cerebro solo te muestra lo que cree que tú quieres ver (sistema de activación reticular) en base a tu estado de negatividad. Rechaza todo lo demás, actuando así como un sesgo cognitivo o filtro mental.

Si todo lo que experimentas es un reflejo de tu estado interno, cuando miras a tu alrededor, ¿qué ves?, ¿orden o caos?, ¿armonía o alboroto?, ¿concordia o desconcierto?

¡Sal fuera y experimenta! Haz aquello que temes para encontrar lo que te gusta. Detrás del miedo está el aprendizaje y el crecimiento. Traspasa tu cerco de control, donde todo son certezas. Allí no encontrarás lo que buscas. Los grandes exploradores no usan los caminos trillados, no repiten siempre la misma ruta. A veces se pierden, es cierto, pero eso les permite descubrir los rincones más alucinantes.

Cuando en el año 2018 estuve en Tasmania, un estado insular ubicado al sur de Australia, alquilé un 4x4 y recorrí toda la costa este de la isla sin mapas, sin planes. Dormía en el coche y amanecía en playas salvajes. Fue una aventura increíble, como la vida misma cuando logramos vivirla sin GPS, como exploradores, sin tantas preocupaciones y ataduras, disfrutándola con el asombro inocente de un niño.

Los auténticos buscadores trazan su propio camino dejando que la vida les sorprenda. Quieren descubrir el mundo por sí mismos, no de oídas. Un turista no arriesga, lo tiene todo aparentemente controlado, va a lo seguro y no se sale de la ruta establecida, pero a vivir se aprende viviendo. Los grandes expertos en el arte de vivir lo son gracias a que experimentan. ¿Y tú? ¿Eres turista o explorador?

Las experiencias enriquecedoras empoderan y transforman. ¿Cómo vas a validar tu potencial si no lo pones a prueba? ¿Cómo vas a desatarlo si no te entrenas? ¿Cómo sabes que algo te gusta si no lo has probado? ¿Qué quieres evitar? ¿Qué te limita? ¿Qué te da tanto miedo? ¿Qué sería lo mejor o peor que te podría pasar? ¿Cuál es el precio que estás pagando por no salir de tu zona de comodidad?

Y ahora la pregunta más importante: ¿qué necesitas experimentar para crear tu vida potencial? Anótalo aquí abajo.

Yo necesitaba viajar para expandir mi potencial, para abrir mi mente, lo que está muy ligado con mi espíritu de trotamundos: tengo un *stellium* o aglomeración de planetas (incluyendo el Sol) en la casa 9 de mi carta natal, que es la casa de los filósofos, viajeros y aventureros. Cuando experimentas tu carta y la honras, te expandes. Eso me ocurrió a mí en 2015.

Conecta con la emoción de aspirar a algo mejor para neutralizar ese miedo a perder que te impide avanzar. No te conformes. Actúa a pesar del miedo. Basta de excusas, fuera patrones obsoletos. Evitando el miedo, evitas el aprendizaje y también tu crecimiento. Haz experimentos y vive experiencias:

1. **Haz cosas que no hayas hecho nunca antes, al menos una vez a la semana.** Pon a prueba tu capacidad para afrontar la incertidumbre y coleccionar vivencias nuevas, aunque sean pequeñas cosas. Puede ser ir solo al cine o hablar con un desconocido. Muchas veces expresamos nuestro deseo en frases como «ojalá algún día...», «me encantaría...», «cuando tenga tiempo/dinero...». Haz aquello que sueñas ahora. Anota lo que sientes después de haberlo vivido. ¿Qué nota le das del 1 al 10? ¿Te ha gustado? ¿Te has sentido bien? ¿Qué has aprendido? ¿Qué crees que te ha aportado? ¿Te apetece repetirlo?

2. **Amplía tu círculo social.** Conoce gente nueva. Entra en foros, haz *networking*, únete a grupos, apúntate a encuentros de personas que se juntan en torno a una temática o por una causa común. Conecta con aquellos que vayan en tu misma dirección, que compartan tus valores, aspiraciones, motivaciones, inquietudes, etcétera.

3. **Asume tus errores de manera consciente, piérdeles el miedo.** Las equivocaciones que aceptas como tales son constructivas porque se convierten en aprendizaje. Hay cosas que te saldrán «bien» y otras no tanto. No pasa nada. Suelta el freno de mano. Lo importante es que aceptes que no puedes controlarlo todo. Un error no es «malo», simplemente es parte del proceso. Haz un repaso mensual: si no has cometido ningún error, es que algo falla.

4. **Cambia tu diálogo interno.** En lugar de decirte «¿por qué me pasa esto?» (que traducido sería «¿por qué soy tan desgraciado y tengo tan mala suerte?»), prueba en su lugar «¿para qué me pasa esto?» (que traducido sería «¿qué me está tratando de enseñar esta situación?, ¿qué es lo que no estoy queriendo ver?»). Tu actitud ante la vida la mejora o empeora.

5. **Viaja a otra ciudad o país, conoce otras culturas.** Emprender un viaje es la mejor manera de explorar el mundo a la vez que te exploras a ti mismo. Vete al menos quince días y aprende a disfrutar de tu compañía. Si por el motivo que sea no puedes irte muy lejos, piérdete

por la ciudad o por el campo. Es posible que acabes tan harto de ti que al volver no tengas más remedio que pedir el divorcio de tu personaje y cambiar, para ser tú de una vez por todas.

6. **Lee libros.** Nutre tu alma y tu mente de conocimientos valiosos para su evolución. Busca referentes que te motiven. Sigue a personas en redes sociales que te inspiren, que te aporten algo, que te enseñen algo más que sus bíceps.

7. **Formación continua.** Aprende cosas nuevas para descubrir tus talentos ocultos y desplegar tus potencialidades. Aprovecha la tecnología para hacer cursos *online* o asistir a conferencias sobre temáticas que te interesen o que despierten tu curiosidad, aunque no tengan ninguna relación con eso a lo que te dedicas en este momento o con lo que hayas hecho hasta ahora. Apúntate a clases de baile, cocina o pintura. Contrata sesiones con un mentor. Incluso con un terapeuta. Prueba con diferentes terapias artístico-creativas que te sirvan para conocerte mejor y conectar más contigo mismo.

8. **Amplía tu vocabulario emocional.** Somos analfabetos emocionales, por eso nos cuesta tanto expresarnos. Todo empieza por comprender y aceptar lo que sientes. Haz el siguiente ejercicio: durante un minuto anota todas las emociones que reconozcas. Luego busca en internet «la rueda de las emociones», una clasificación realizada por el psicólogo estadounidense Robert Plutchik en 1980, basándose en la teoría psicoevolutiva de las emociones. Verás que hay un puñado pequeño de emociones básicas —alegría, confianza, miedo, sorpresa, tristeza, aversión, ira y anticipación—, que están en el centro, y luego un montón de emociones secundarias. No eres lo que sientes en un momento determinado, las emociones van cambiando. Y todas son necesarias: cada emoción tiene su función. El miedo también.

9. **Exprésate sin temor, hazlo de cualquier forma que se te ocurra:** escribiendo una publicación para tu blog, haciendo un vídeo para las redes sociales, componien-

do una canción, pintando un cuadro, bailando. Saca lo que llevas dentro, libérate. Elige una herramienta, aquella con la que te sientas más tú, y úsala para transmitir lo que sientes. Luego, pide *feedback* para saber qué transmiten tus palabras, canciones, dibujos, movimientos. ¿Te atreves?

10. **Imparte una conferencia para compartir tus conocimientos y experiencia.** Tu ego te hará creer que nunca eres lo suficientemente bueno o que no estás aún preparado para salir a la palestra. No permitas que el «síndrome del impostor» te detenga eternamente. Aprende y adquiere lo que necesites, luego ponlo en práctica, compártelo. Nunca va a ser el momento perfecto, tu mente siempre encontrará alguna excusa.

11. **Organiza o participa en una reunión con el formato *mastermind*.**[1] Da una charla informal de manera gratuita. A mi primera charla en Madrid asistieron diez personas. A la segunda, en Barcelona, acudieron treinta. En ambas estaba supernervioso: me sudaban las manos y no paraba de moverme. Hablamos de autoconocimiento, desarrollo personal, reinvención profesional, de emprender. Cada asistente compartió su propia experiencia de vida, sus inquietudes, preocupaciones y miedos. Acabamos cenando todos juntos. Fue una experiencia maravillosa.

12. **Retoma esa vieja pasión que dejaste abandonada.** En palabras de Ken Robinson, «Lo extraordinario sucede cuando salimos de nuestra rutina, reconsideramos nuestra trayectoria y recuperamos viejas pasiones».

13. **Estimula tu imaginación, despierta tu creatividad y alimenta tu ingenio.** También puedes ofrecerte para ser entrevistado. No hace falta que sea una entrevista formal, puedes hacerlo con tu pareja o con un amigo, tómatelo como un juego. Las entrevistas también son herramientas de autoconocimiento y autoindagación. Te sirven de espejo y te permiten explorar para descubrir aspectos de ti que desconoces o incluso para reafirmarte. Si el «entrevistador» es bueno, sabrá sacar lo mejor de ti. Aprovéchalo.

---

[1] Un *mastermind* es una reunión periódica de personas que tienen unos objetivos similares y comparten conocimientos y experiencia profesionales con el objetivo de ayudarse unas a otras a alcanzar sus metas.

Como ves, existen muchas formas de explorar y experimentar. No hay nada más desalentador que dejar este mundo sin desatar tu potencial. Hagamos un ejercicio final para validarlo:

1. Haz algo que te guste, que se te dé bien y que te haga sentir feliz.

2. Mientras lo haces, no pienses en otra cosa: siéntelo con presencia plena.

3. Cuando acabes: escribe lo que te sucede mientras lo haces. ¿Qué sientes? ¿Qué respuestas fisiológicas te produce? Identifícalas. Anota esas emociones o sensaciones: nerviosismo, malestar, palpitación, sudoración, dolor de tripa, presión en el pecho, alegría, subidón, paz, entusiasmo, euforia, tristeza, ansiedad, estrés, angustia, diarrea o estreñimiento, dolor de cabeza, tensión en el cuerpo, calma.

4. Repite este ejercicio con otras actividades que te gusten.

5. Finalmente, confróntalo con una situación opuesta. Por ejemplo, puede ser tu trabajo actual, que haces por obligación y sin ningún entusiasmo. ¿Qué sientes? ¿Se aleja mucho de lo que sientes con las otras actividades? anota esas emociones o sensaciones.

Hilary Hart decía que «Nuestro trabajo es mantenernos fieles a lo que se nos revela, por incómodo que resulte.» ¿Qué se te está revelando? ¿Aún necesitas más para darte cuenta de que lo único que te está frenando eres tú mismo?

Lo importante no es lo que haces, sino cómo te sientes cuando lo haces, esa sensación de gozo y disfrute con la que conectas a través de «ese algo». Experimentarlo depende de ti. Liberar tu potencial es cosa tuya, es un proceso interno y externo:

• Proceso interno: primero lo reconoces y lo aceptas para honrarlo.

• Proceso externo: segundo, lo desarrollas y lo conectas con una profesión consciente en sintonía con tu esencia. De esto vamos a tratar en el siguiente capítulo.

«LOS DOS DÍAS MÁS IMPORTANTES DE TU VIDA SON EL DÍA EN EL QUE NACES Y EL DÍA EN QUE DESCUBRES PARA QUÉ.»

Mark Twain

7. DEFINE TU PROPÓSITO

EN ESTE CAPÍTULO...

Conectamos tu potencial con una profesión consciente y rentable. Vamos a ver cómo funciona el «nuevo» paradigma digital y cómo salir de la rueda en la que andas metido.

7.1. TU PROPÓSITO PROFESIONAL

Del ser pasamos al hacer, de la reflexión a la acción. Ahora es el momento de enlazar todo lo que hemos ido explorando con una actividad profesional en sintonía con tu verdadera esencia.

Ha quedado claro que cualquier proceso de reinvención profesional comienza por el autoconocimiento. Sin desarrollo personal no hay desarrollo profesional. Por eso empezamos mirando hacia adentro. Dejarte ser antes de hacer. Ahora cambiamos la dirección de nuestra mirada: nos volvemos hacia el afuera.

No se trata de transformar tus talentos, pasiones y conocimientos en algo, sino más bien de conectar todo eso que ahora sabes de ti mismo con una profesión que te permita expresar tu potencial y manifestar tu propósito. Es el momento de honrar tus dones. Ya hemos hablado del potencial. Hablemos ahora del propósito profesional.

Aunque parezca una recomendación paradójica en un capítulo titulado «Define tu propósito», no busques tu propósito. Eso no es lo importante. Últimamente, encontrar tu propósito se ha convertido en un propósito en sí mismo, en un producto de marketing que genera mucho estrés y culpabilidad en quienes lo desconocen y se ven obligados a encontrarlo. Nosotros, en cambio, entendemos el propósito como una excusa para conectar con nuestro ser, con la esencia y, en última instancia, con la vida. El propósito no se busca. No hay que obsesionarse: aparece a medida que te conoces.

¿Para qué haces lo que haces? ¿Cuál es tu razón de ser? ¿Qué da sentido a tu vida? ¿Qué te motiva? ¿Por qué te dedicas a lo que te dedicas? ¿Qué puedes aportar al mundo? Vamos a abordar todas estas preguntas en las siguientes páginas.

Nuestro propósito vital es vivir. El propósito profesional es un pretexto para sentirnos vivos. No se trata de encontrar un propósito para tener tranquilidad, confianza y coherencia, sino más bien al revés: cuando activas tu calma y te sientes agradecido, centrado, satisfecho, realizado, motivado, aparece tu propósito, que es una realidad dinámica que va madurando con la experimentación y que evoluciona contigo.

Por tanto, tu propósito (razón o motivo) es el resultado de conectar tu potencial (don o habilidad) con una profesión (medio o herramienta) que sea consciente (misión) y rentable (monetización).

Cuando recuerdas la razón de tu existencia y la pones al servicio de los demás, iluminas el mundo. ¿Para qué existes (propósito)? ¿Cómo vas a iluminar al mundo (profesión)?

Cuando tú te iluminas —porque despiertas, te conoces y reconectas contigo mismo—, irremediablemente iluminas a otros, que empiezan a cuestionarse y emprenden el mismo viaje que tú estás transitando. La razón la descubres por el camino.

- Potencial: don o habilidad. Eso que se te da bien (talentos), te apasiona (pasiones) y está conectado con lo que sabes (conocimientos). Tu potencial viene contigo de serie, aunque tengas que ejercitarlo. Tiene que ver con el «ser».

- Profesión: medio o herramienta que eliges para expresar tu potencial y manifestar tu propósito. Tú escoges tu profesión voluntariamente. Es el recurso que utilizas para expandir tu esencia. Tiene que ver con el «hacer».

- Propósito: razón o motivo por el cual haces lo que haces, en sintonía con tu ser. Un propósito va mutando y se puede manifestar de muchas formas, puedes expresarlo a través de diferentes profesiones.

Veamos algunos ejemplos.

Ejemplo 1: fotógrafo, diseñador o director de cine

POTENCIAL: Creatividad y expresión artística.

PROPÓSITO: Crear consciencia colectiva y hacer denuncia social para promover un cambio en la sociedad.

└──> PROFESIÓN: Puedes expresar tu potencial y manifestar tu propósito a través de la fotografía documental, a través de la ilustración, a través de la dirección de películas independientes, etcétera.

Ejemplo 2: profesor de yoga, psicólogo o terapeuta

POTENCIAL: Servir, compartir, sanar, empatizar, conectar, etcétera.

PROPÓSITO: Ayudar a las personas a calmar su mente para sentirse bien.

└──> PROFESIÓN: Puedes expresar tu potencial y manifestar tu propósito a través de la meditación como profesor de yoga, a través de la psicología como psicólogo, a través del movimiento dedicándote a la danza terapéutica, etcétera.

Ejemplo 3: mi caso

POTENCIAL: aprender, comunicar, inspirar, motivar, divulgar, emprender, etcétera.

PROPÓSITO: Acompañar a otros inconformistas en su proceso consciente de reinvención personal y profesional.

└─→ PROFESIÓN: Puedo expresar mi potencial y manifestar mi propósito a través de consultas privadas, como mentor; a través de conferencias y charlas, como comunicador; a través de cursos y experiencias formativas, como facilitador o formador; a través de libros, como autor; a través de proyectos, como emprendedor; etcétera.

Todo aquello que te define te limita. No te limites a una profesión. No te conformes con una sola herramienta. ¡Colecciona profesiones! Puede ser una profesión nueva, que no hayas ejercido antes o que sea diferente a todo lo que mencioné anteriormente. En mi caso, por ejemplo, he introducido la astrología psicológica y sé que seguiré integrando nuevos recursos en el ejercicio de mi labor. Si no puedes expandirte como tú quisieras, busca otras herramientas que te lo permitan. Es posible que una profesión limite tu potencial y que necesites complementarla con otras nuevas o diferentes.

Con dieciocho años, dudaba si cursar Psicología o Medicina. Finalmente, estudié Comunicación Audiovisual. Más tarde, Fotografía y luego, Marketing Digital. Sin embargo, mi vehemente interés por el desarrollo personal y espiritual me empujó a seguir leyendo, aprendiendo, formándome e incorporando nuevos conocimientos relacionados con el autoconocimiento, mientras transitaba, de forma paralela, mi propio proceso de cambio. Cada vez que me preguntaban quién era, a qué me dedicaba, no tenía muy claro qué responder. Ahora sé que no tengo por qué encasillarme. Y mi propósito es acompañar a otros corazones rebeldes en su propio viaje, pero durante mucho tiempo me creí aquello de que debía tener un cargo concreto. Es una creencia antigua y limitante.

Me reinvento cada día. Nunca he comprendido ese afán por ponernos etiquetas. Supongo que sirven para alimentar el ego, para decorar esos documentos prehistóricos que se usaban en el viejo paradigma para encontrar trabajo, creo que se llamaba currículum. Si lo que nos define nos limita, ¿para qué limitarnos?

No soy mentor, hago sesiones de *mentoring*. No soy astrólogo, utilizo la astrología psicológica y cabalística en mis consultas privadas. No soy terapeuta, pero integro herramientas terapéuticas en mis experiencias formativas. No soy facilitador, pero imparto talleres y cursos. No soy conferenciante, pero me chifla divulgar y dar charlas. No soy el personaje..., ¡soy mucho más!

A medida que crecemos, nos vemos obligados a elegir lo que queremos ser. Al estudiar una carrera concreta, escogemos una temática específica que nos permite especializarnos. Pero como ya hemos visto, potencialmente podemos hacer muchas cosas. ¿Por qué no darnos la oportunidad de expandir nuestro potencial por medio de diferentes herramientas? Si la herramienta no existe, invéntala. Por tanto, no hay mejor manera de expresar mi situación profesional que esta frase: «En transición hacia una versión potencial que aún está en construcción». Da igual en qué etapa de tu vida leas esto.

De todo esto se deduce que lo que importa no es tu profesión, sino lo que sientes y lo que logras a través de ella. Es importante en la medida en que te sirve como medio de expresión y para mostrarte al mundo. A fin de cuentas, una persona con propósito es un profesional consciente. Y viceversa, una persona consciente se convierte en un profesional con propósito. Ahora te toca a ti.

POTENCIAL: _____

PROPÓSITO: _____

⌐→ PROFESIÓN: _____

Para tu **POTENCIAL**, usa verbos (Ej.: Educar, contribuir, ayudar, etc.)
Para tu **PROFESIÓN**, utiliza nombres (Ej.: Terapia Gestalt, autoconocimiento, diseño gráfico, coaching, sexualidad, etc.)
Para tu **PROPÓSITO**... ¿Qué puedes lograr con todo lo anterior? Sé creativo.

Para que tu profesión sea consciente, necesitas una misión, pero además de eso, tu profesión debe ser rentable, por eso es necesario añadir el ingrediente clave de la monetización. Vayamos por partes.

7.2. LO QUE OTROS NECESITAN: MISIÓN

Cuando conectas las necesidades del mundo con tus propias motivaciones internas, todo tiene sentido.

Una profesión consciente es aquella que conecta tu esencia – lo que eres, aquello que te motiva, te mueve– con una misión. Está orientada al bien común, produce algún cambio positivo o beneficio a alguien. Tiene una finalidad: servir. Tu misión es aquello que necesitan otras personas, que aporta valor, que ayuda a otros porque soluciona un problema real o cubre alguna necesidad existente.

Tu reto es cómo haces para unir tus pasiones, talentos y conocimientos con las necesidades del mundo, cómo conectas la misión con tu potencial y tu propósito.

- ¿Puedes tener varias misiones? ¡Claro!
- ¿Tu misión puede cambiar? ¡Por supuesto!

Te propongo diez preguntas que nos ayudarán a reflexionar. Por ahora, se trata de dar una respuesta simple: Sí / No. Ya profundizaremos.

1. ¿Ayudas a la gente? ☐ Sí ☐ No
2. ¿Aporta valor lo que haces? ☐ Sí ☐ No
3. ¿Es realmente útil? ☐ Sí ☐ No
4. ¿El mundo lo necesita? ☐ Sí ☐ No
5. ¿Cubres alguna necesidad? ☐ Sí ☐ No
6. ¿Solucionas algún problema? ☐ Sí ☐ No
7. ¿Mejoras la vida de las personas? ☐ Sí ☐ No
8. ¿Transformas la vida de otros? ☐ Sí ☐ No
9. ¿Generas un impacto positivo en el mundo? ☐ Sí ☐ No
10. ¿Contribuyes de algún modo? ☐ Sí ☐ No

¿Aún te quedan dudas? ¿Cómo averiguar con seguridad si ayudas a alguien? ¿Cómo saber lo que necesita el mundo? Ya tendremos ocasión de analizarlo.

7.3. LO QUE TE DA DINERO: MONETIZACIÓN

Cuando conectas las necesidades del mundo con tus propias motivaciones internas y, además, puedes vivir de ello, ¡lo encontraste! Una profesión rentable es aquella que te permite monetizar tu potencial, tu activo intangible más valioso, es decir, ganar dinero con tus conocimientos, pasiones y talentos.

Primero reconoces tu potencial y después buscas la manera de monetizarlo. Si inviertes el proceso, no esperes un final feliz. En el siguiente capítulo concretaremos qué es lo que necesita el mundo —problema— y qué tienes tú para ofrecer —solución—. Veremos también cómo generar ingresos.

Tu reto es cómo poner en valor lo que eres y lo que haces. Esto está relacionado con lo que se conoce como «marca personal», un concepto que también abordaremos en este libro.

- ¿Puedes tener varias formas de monetizar? ¡Claro!
- ¿Tu monetización puede cambiar? ¡Por supuesto!

Te propongo otras diez preguntas:
1. Eso que te gusta, ¿tiene demanda? ☐ Sí ☐ No
2. Eso que se te da bien, ¿es útil para otros? ☐ Sí ☐ No
3. Eso que sabes, ¿soluciona problemas? ☐ Sí ☐ No
4. ¿Puedes monetizar tu pasión/talento/conocimiento? ☐ Sí ☐ No
5. ¿Ya hay otros ganando dinero con ello? ☐ Sí ☐ No
6. ¿Ya hay otros dedicándose a lo mismo o algo similar? ☐ Sí ☐ No
7. ¿Crees que hay personas interesadas? ☐ Sí ☐ No
8. ¿Hay alguien dispuesto a pagarte por ello? ☐ Sí ☐ No
9. ¿Tú estarías dispuesto a pagar por ello? ☐ Sí ☐ No
10. ¿El mundo necesita lo que haces? ☐ Sí ☐ No

¿Aún te quedan dudas? ¿No sabes con certeza si puedes vivir de ello? ¿Cómo puedes estar seguro de si hay personas dispuestas a pagarte por lo que ofreces? Sencillo: ¿Eres capaz de solucionar un problema? ¿Tú mismo has sido capaz de solucionar ese problema en ti? ¿Eres el mejor en resolverlo? Si puedes mejorar la vida de los demás en algo, seguramente habrá personas dispuestas a pagarte por ello, siempre y cuando utilices convenientemente los recursos del mundo digital para darte a conocer y construyas adecuadamente tu marca personal para proyectar autoridad y credibilidad, entre otras cosas.

Pero antes es necesario responder esta otra pregunta: ¿cómo sabes si tus motivaciones realmente solucionan las necesidades del mundo? La clave es la misión. Si la tienes, la monetización acaba llegando. El dinero siempre es el resultado inevitable de ejercer una profesión vocacional o emprender un proyecto consciente, con propósito. Si ayudas a los demás a conseguir lo que necesitan o quieren, lo conseguirás tú también. Si ayudas a los demás a ser más felices, tú serás más feliz.

7.4. VALIDA TU PROPÓSITO

¿Cómo validas tu propósito profesional y al mismo tiempo, tu misión? Puede hacerse de dos formas:

1. A través del conocimiento que tienes de ti mismo, que te permite reconocer quién eres, en qué eres bueno y si vibras en sintonía con lo que haces. No dependes del reconocimiento externo. Esto implica confianza y seguridad en ti mismo.

2. A través del reconocimiento de los otros, es decir, buscando un *feedback* externo. Los demás, en tanto pueden funcionar como espejo de nosotros mismos, nos aportan información muy valiosa. Una misión cobra sentido en el momento en que aportamos un valor, solucionamos un problema, ayudamos en algo o impactamos positivamente en alguien.

Es hora de volver sobre la última cuestión planteada en el apartado anterior: ¿cómo sé si mis motivaciones realmente solucionan las necesidades del mundo? Te propongo doce formas de hacerlo:

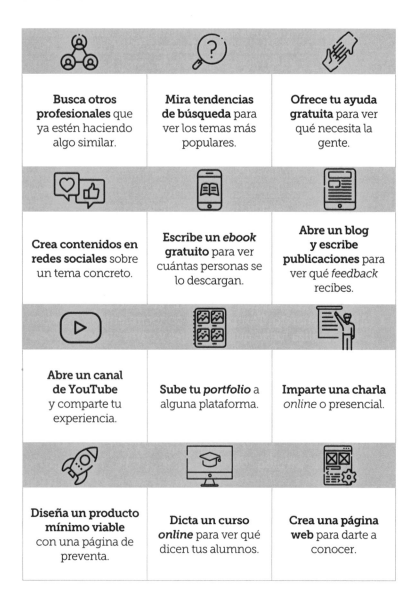

Busca otros profesionales que ya estén haciendo algo similar.

Mira tendencias de búsqueda para ver los temas más populares.

Ofrece tu ayuda gratuita para ver qué necesita la gente.

Crea contenidos en redes sociales sobre un tema concreto.

Escribe un *ebook* gratuito para ver cuántas personas se lo descargan.

Abre un blog y escribe publicaciones para ver qué *feedback* recibes.

Abre un canal de YouTube y comparte tu experiencia.

Sube tu *portfolio* a alguna plataforma.

Imparte una charla *online* o presencial.

Diseña un producto mínimo viable con una página de preventa.

Dicta un curso *online* para ver qué dicen tus alumnos.

Crea una página web para darte a conocer.

1. Busca otros profesionales o empresas que ya se estén dedicando a lo mismo o algo parecido.

2. Mira tendencias de búsqueda para ver los temas más populares. Utiliza herramientas como Google Trends, plataformas como Amazon (por ejemplo, las temáticas de los libros más vendidos), canales como YouTube (por ejemplo, las temáticas de los vídeos más vistos o cuántas visualizaciones tienen los vídeos que hablan sobre un tema determinado), etcétera. ¿Cuáles son los temas más buscados por la gente? ¿Sobre qué hay un interés creciente?

3. Ofrece tu ayuda de forma gratuita para ver qué necesita la gente. Puedes empezar por tu entorno cercano para ver si lo que ofreces funciona. Antes de empezar a monetizar, hice más de doscientas videollamadas por Skype durante dos meses. Realicé una media de tres a cuatro consultas diarias, asesorías profesionales y sesiones de *mentoring* con muchas personas que acabaron siendo mis clientes. Esto me sirvió también para ganar confianza y seguridad. Y me aportaron valiosos testimonios.

4. Crea contenidos útiles en redes sociales sobre un tema concreto. Comparte tus conocimientos y experiencia. Analiza luego qué mensajes y comentarios recibes.

5. Escribe un *ebook* gratuito sobre un tema concreto. Un *ebook* es un documento digital sencillo de producir. Puedes ofrecerlo de manera gratuita vía correo electrónico o venderlo en tu sitio web. Fíjate en cuántas personas se lo descargan y qué opinan los lectores.

6. Lanza un blog sobre un tema concreto. Insisto en tratar «temas concretos» porque cuando abordas muchos temas te dispersas y difícilmente podrás impulsar una marca personal sólida y compacta. Céntrate en un tema o dos, como mucho, y que todo lo demás gire en torno a eso. Analiza si tu blog recibe visitas y qué dicen los comentarios.

7. Abre un canal de YouTube sobre un tema concreto. Si lo tuyo es la comunicación verbal y eres un gran orador, aprovéchalo. Presta atención a las visualizaciones, suscripciones y comentarios.

8. Sube tu *portfolio* a alguna plataforma. Hay cientos de sitios web, muchos de los cuales son gratuitos, que te permiten mostrar tu trabajo creativo. Observa qué *feedback* obtienes.

9. Imparte una charla en formato *online* o presencial sobre un tema concreto. Fíjate en cómo reacciona tu audiencia, qué necesita. Pregúntate si eres capaz de solucionar sus necesidades.

10. Dicta un curso *online* sobre un tema concreto. Un curso *online* es una formación enlatada o grabada que vendes de manera automatizada. Lo más sencillo es usar plataformas como Hotmart o Teachable, que ya cuentan con toda la infraestructura montada. Subes tus contenidos y ellos se encargan del resto a cambio de una comisión por venta. ¿Qué dicen tus alumnos? ¿Están satisfechos?

11. Diseña un producto mínimo viable. Puedes hacer una prueba piloto, una *landing page* de preventa para recoger correos electrónicos de potenciales clientes antes de lanzarlo. ¿Hay muchas personas interesadas?

12. Crea una página web para darte a conocer. Lo veremos en detalle en el próximo capítulo.

En resumen, encuentra lo que te mueve, haz lo que motiva, lo que te gusta y se te da bien, eso que aporta valor al mundo. Hazlo muy bien. Luego, lo monetizas. Si eres feliz haciendo feliz a otros, ¡lo tienes!

7.5. EL «NUEVO» PARADIGMA DIGITAL

Llevamos pocas décadas moviéndonos masivamente por la red. En 1993, apenas existían cien sitios web. En tan solo cuatro años, el número escaló a más de doscientas mil, cifra que está muy lejos de los 1.300 millones de sitios web que existen actualmente, aunque se dice que apenas un 15 % están activos. La humanidad está exponencialmente más digitalizada, en especial desde el surgimiento de las redes sociales en el siglo XXI. Lo queramos o no, la tecnología forma parte de nuestras vidas.

¿Cómo funciona el nuevo marco profesional en el que estamos inmersos?

En esta nueva Era del conocimiento o, como a mí me gusta llamarla, del potencial, podemos elegir vivir bajo la dictadura silenciosa de los algoritmos o usar la tecnología como lo que es, una herramienta al servicio del ser humano, nunca al revés.

En lo personal, practico el minimalismo digital (y existencial) hace tiempo y estoy encantado. Con frecuencia hago minirretiros del mundo virtual para hacer *detox*. La digitalización tiene muchas ventajas. No solo ahorra tiempo y costes, sino que te permite conectar y compartir en tiempo real con cualquier persona del mundo como nunca antes. Sin embargo, hay que cuidarse de la tiranía consentida de los «me gusta» y de la adicción a las pantallas.

El nuevo paradigma trae profundas transformaciones. Dejamos de ser empleados que trabajan únicamente por dinero para ser profesionales y emprendedores con una misión. El propósito vital también cambia: del tener pasamos al ser. Y como forma de organización, pasamos del yo al nosotros, de la subordinación a la cooperación y de la competitividad a la colaboración, seña de identidad de la Era de Acuario en la que la humanidad se percibe como un todo.

El viejo paradigma industrial promovía lo contrario: alienación del individuo, subordinación, ignorancia, insatisfacción, control, adoctrinamiento, desinformación, crispación social, negación del ser. Un sistema económico lleno de trampas, una visión manipulada del mundo, una sumisión inducida.

Afortunadamente, esto está cambiando porque nosotros estamos cambiando. Cada vez más individuos están emprendiendo el viaje del autoconocimiento, cada vez más personas están despertando y se están reinventando de manera consciente.

Mientras que el trabajo mecánico poco a poco va siendo ejecutado por las máquinas, el talento humano se centra en las labores creativas. Todo aquello que pueda ser realizado por un robot será realizado por un robot. De ahí que tu potencial pase a ocupar un lugar central dentro de esta nueva dinámica. Digamos adiós al viejo paradigma de los trabajos, los trabajadores y los empleados, demos la bienvenida a la Era de las profesiones, los profesionales y los expertos.

Te presento el decálogo del nuevo escenario profesional:

1. Ya no necesitas un trabajo, necesitas ingresos.

2. Ya no necesitas un empleo, necesitas una o varias profesiones.

3. Ya no necesitas una nómina, necesitas clientes.

4. Ya no necesitas un currículum, necesitas una página web.

5. Ya no necesitas un título, necesitas una marca personal.

6. Ya no tienes una mentalidad de empleado, sino una actitud emprendedora.

7. Ya no buscas seguridad laboral, sino libertad financiera.

8. Ya no tienes horario concreto y lugar fijo de trabajo, ejerces tu actividad con horario flexible y de manera deslocalizada.

9. Ya no te diriges a un público local, tienes una audiencia global.

10. Ya no vendes tu tiempo a cambio de dinero, aportas valor y pones en valor tu potencial.

1. Ya no necesitas un trabajo, necesitas ingresos.
El término *trabajo* procede del latín *tripalium*, que significa literalmente 'tres palos', un instrumento de tortura usado para castigar a los esclavos. Con el tiempo, pasó de referirse al instrumento en sí mismo a designar uno de los efectos de su uso: el sufrimiento. De ahí que *tripaliare* signifique 'tortura' o 'causar dolor'. Si a ese sufrimiento le agregamos una retribución económica, tenemos el concepto industrial de trabajo: un sistema moderno de servidumbre y esclavitud laboral.

Trabajar se considera una tortura porque fue concebido para sufrir —producir— y no para sentirnos realizados. Para muchos el trabajo es eso, una tortura, una obligación, una rutina, un medio para «ganarse la vida». Quizás porque muy pocos han sabido transformar su trabajo en una profesión y dejar de esa manera de ser trabajadores para empezar a ser profesionales, que se «enriquecen» por dentro y también por fuera.

Utilizamos la palabra *empleo* como sinónimo de *trabajo*, y podríamos usarla como acrónimo que refleja nuestro sistema económico y laboral: «Estudia Mucho Para Luego Enriquecer a Otro».

Bromas aparte, ya no necesitas un trabajo: necesitas creer en ti para crear tu profesión. Deja tu trabajo y diseña una profesión a tu medida. El sistema industrial busca que dependas de una única fuente de ingresos, así eres más sumiso, más dependiente. No estoy proponiendo que tengas varios trabajos. Un trabajo gasta tu tiempo. Y tu tiempo y energía son limitados. Con uno o varios trabajos, tu crecimiento, al igual que tu bienestar, queda restringido. Y ocurre lo mismo cuando cambias de trabajo por un «autoempleo». Más de lo mismo con distinto nombre. Lo que te sugiero es que colecciones fuentes de ingresos (*cash flow* o flujo de caja).

El uso de mano de obra «barata» y la proliferación de empleos de baja calidad no hacen sino aumentar el escaso aprovechamiento del talento humano. Un trabajo remunerado no es sinónimo de calidad de vida, al contrario. Un trabajador es «empleado» para ejecutar una tarea, por lo general insípida y mecánica. Por eso durante la infancia se inhibe la creatividad y se anula la autoestima. Si nos educaran para desatar nuestro verdadero potencial, ¿crees que nos hubiéramos conformado con algo así?

Todo esto está cambiando. Los profesionales conscientes crean proyectos conscientes que a su vez demandan profesionales conscientes que también crean sus propios proyectos con propósito. La dinámica es mucho más horizontal y colaborativa.

2. Ya no necesitas un empleo, necesitas una o varias profesiones.
Tradicionalmente, «profesión» designa el oficio o actividad que ejerce un profesional, pero también el medio o herramienta que usamos para expresar nuestro potencial y manifestar nuestro propósito, orientada al bienestar colectivo y que contribuye a solventar algún tipo de necesidad. Es una ocupación vital que soluciona problemas, expresa una vocación singular y diferenciada por la que la persona orienta su vida. El profesional también recibe una retribución económica, pero a diferencia del trabajador, el dinero no es su motivación principal.

Puedes ejercer una profesión por cuenta propia y/o colaborar con los proyectos de otros, si encuentras profesionales que comparten tus valores y misión, que están alineados con tu propósito profesional. Una profesión te permite crecer, conectando lo personal con lo profesional, desarrollando uno o varios talentos monetizables. Trabajar es un castigo cuando solo alimenta tu bolsillo. Si además te nutre y ayudas a otros, se convierte en una profesión consciente.

Cuando ejerces una actividad profesional que eliges libremente, tu satisfacción interior se dispara y tu sensación de plenitud aumenta. Cuando estás inspirado y motivado, tu química cerebral empieza a cambiar, elevando tu energía vital. A mayor vitalidad, mejores resultados. Si todos nos convertimos en profesionales que saben lo que les apasiona y aman lo que hacen, poniendo su potencial al servicio de la sociedad y disfrutando con ello, elevamos tanto la vibra planetaria que irremediablemente la sociedad cambia y la humanidad evoluciona. ¡El mundo necesita más gente feliz!

3. Ya no necesitas una nómina, necesitas clientes.
La nómina forma parte del pasado. Cambias tu jefe por clientes o colaboradores. No tienes un sueldo fijo mensual, cobras por servicio, por la solución que propones, por resultados o por objetivos.

No haces un contrato indefinido, tienes acuerdos puntuales por proyectos. Cuando pasas de trabajador sumiso a profesional consciente, ya no dependes de una nómina porque no trabajas para un único empleador en relación de codependencia. Diversificas. Puedes trabajar de manera simultánea con diferentes personas de todo el mundo a las cuales ofreces tu talento, y a tu vez, cuentas con personas que te ofrecen el suyo.

4. Ya no necesitas un currículum, necesitas una página web. El currículum también forma ya parte de la prehistoria industrial. Creo que no tardaremos mucho en verlo colgado de las paredes de algún museo.

¿Qué se vende en un mercado? Mercancías, por eso no me gusta hablar de mercado laboral. El currículum es tu carta de presentación en este mercado laboral que te trata como mercancía barata. No eres un trozo de papel. Cambiemos el concepto de mercado laboral por marco profesional. Para una empresa consciente, lo importante no es tu currículum, sino otros factores intangibles tales como tu actitud, tu motivación, tu talento, tu propósito, tu creatividad, tu potencial, tus valores. Y por supuesto tus conocimientos, que se muestran en el ejercicio de una actividad, lo que te permite seguir adquiriendo experiencia.

Hasta ahora hemos sido un recurso productivo: piezas que la maquinaria industrial necesitaba para seguir funcionando. Cuando ha habido demanda en un determinado sector, se han producido trabajadores cualificados para cubrirla. No importa si hemos nacido o no para eso, da igual si somos o no felices ejerciendo dicha actividad: lo que importa es la economía y la supervivencia del sistema.

Un currículum no dice en qué eres bueno, no muestra tu esencia. Es una relación de lo que has hecho hasta ahora, tenga que ver o no contigo, usando etiquetas egoicas. Una página web es el currículum del siglo XXI, una forma de diferenciarte, es un documento vivo, que crece contigo y se actualiza: cuenta quién eres, qué haces, a quién ayudas, cuál es tu historia, qué beneficio consiguen las personas gracias a ti, etcétera.

5. Ya no necesitas un título, necesitas una marca personal. Los títulos académicos certifican que tienes un determinado conocimiento adquirido y te acreditan para ejercer una actividad profesional dentro del mercado laboral, normalmente para trabajar por cuenta ajena. En el nuevo paradigma, los títulos ya no son tan relevantes, lo que es fundamental es lo que sabes, tu compromiso, tu actitud y tus ganas de ayudar a otras personas. No importa tanto lo que haces, sino para qué lo haces (tu propósito profesional), quién eres y qué valor aportas con tu actividad profesional.

Lo que importa, hoy, es tu marca personal: cómo te perciben los demás, que está vinculado a tu propia percepción de ti mismo. Sin marca personal es difícil prosperar en este nuevo marco profesional. Todos tenemos una, como veremos pronto.

6. Ya no tienes mentalidad de empleado, sino actitud emprendedora.
Trabajar para ti significa pasar de ser un empleado pasivo y reactivo que ejecuta tareas mecánicas y obedece órdenes que no cuestiona, al servicio únicamente del capital y orientado al interés personal (nivel de supervivencia) a ser un profesional independiente y proactivo que ofrece soluciones creativas y tiene iniciativas que expresan su potencial y que pone al servicio de la sociedad, orientando su actividad al bien común (nivel de sentido).

Pasas de la servidumbre de un empleo que no te aporta nada más que dinero y a veces, ni eso, a la búsqueda de una actividad emocionante que te aporta bienestar y plenitud. Pasar de una mentalidad de empleado a una actitud emprendedora significa:

- Dejar de esperar órdenes porque asumes tu responsabilidad con proactividad.
- Dejar de depender de otros porque aprendes a valerte por ti mismo.
- Ser tu propio líder, creando tus reglas, porque tú eliges y decides.
- Dejar de trabajar por necesidad, porque te apasiona lo que haces.
- Dejar de trabajar por horas porque lo haces por proyectos y resultados.
- Dejar de vender tu tiempo a cambio de dinero porque ofreces tu potencial.
- Dejar de pedir «días libres» porque eres libre todos los días.
- Cambiar la seguridad por la libertad, porque te dejas ser.

7. Ya no buscas seguridad laboral, sino libertad financiera. Hemos sido adoctrinados para vivir como empleados. Hemos sido programados para buscar lo seguro, para no salir de nuestra zona de comodidad, por eso nos cuesta tanto contemplar otras opciones en el marco profesional.

Los profesionales no buscan la seguridad, una creencia estimulada por el viejo paradigma industrial, por papá Estado que usa el miedo para ejercer su paternidad con autoridad y cuya única finalidad ha sido evitar que salgamos de la cueva. Hoy buscamos la libertad y la independencia emocional y económica. Por eso necesitamos diversificar y multiplicar nuestras entradas de dinero.

8. Ya no tienes horario concreto y lugar fijo de trabajo, ejerces tu actividad con horario flexible y de manera deslocalizada.

¿Te imaginas además poder ejercer tu actividad de manera deslocalizada? ¿Desde cualquier sitio? ¿Operando incluso mientras duermes? ¿Sin verte obligado a estar en un lugar concreto cada día, en un horario determinado?

Si hablamos de una profesión digital, las posibilidades se multiplican, ya que tu actividad se digitaliza gracias a internet y las «nuevas» herramientas tecnológicas te permiten automatizar lo que haces, rompiendo barreras espaciales y temporales. Tú marcas tus horarios, decides tu salario. Las «jornadas laborales» desaparecen. Es la nueva forma de «trabajar», mucho más flexible, que favorece la democratización de las profesiones, los profesionales y las oportunidades.

Una profesión digital es aquella que se ejerce *online*, total o parcialmente. Hoy en día, estar en Internet es fundamental: cualquier persona interesada en ti o en lo que haces te buscará en motores de búsqueda como Google. Si no te encuentran, pierdes relevancia. Y si te encuentran y tu imagen no es la adecuada, tal vez sea peor que no estar.

El nuevo paradigma digital es para todos. Sí, para ti también. ¿Cualquiera puede digitalizar su profesión? Sí, aunque sea parcialmente. Por ejemplo, una psicóloga puede operar ciento por ciento *online* haciendo todas sus consultas vía Zoom o

Skype; sin embargo, un masajista necesita ejercer su actividad de forma presencial, para lo cual debe alquilar un espacio o recibir gente en casa. Esto no le impide recurrir a distintas soluciones digitales para potenciar su actividad: ya sea dándose a conocer por Internet a través de una página web, redes sociales y un sistema de reservas automatizado, paquetizando su conocimiento y vendiendo cursos *online* u ofreciendo asesorías y supervisiones profesionales.

9. Ya no te diriges a un público local, tienes una audiencia global.
Como consecuencia de lo anterior, no te limitas a un entorno local, te diriges a todo el mundo: ¡se rompen las barreras geográficas y espaciales! Y como has digitalizado tu actividad, no importan los horarios: estás operando 24 horas al día, siete días a la semana. Puedes recibir un correo electrónico o una solicitud de información en cualquier momento, puedes vender un producto o recibir la contratación de alguno de tus servicios a cualquier hora. La gran ventaja de tener una audiencia global es que puedes darte a conocer a todo el planeta, pudiendo conectar y compartir con personas de otros continentes. Esto multiplica tus posibilidades de generar ingresos. Se democratizan las oportunidades.

10. Ya no vendes tu tiempo a cambio de dinero, aportas valor y pones en valor tu potencial.
En este nuevo paradigma, monetizas tu potencial: ya no vendes tu tiempo a cambio de dinero, movido únicamente por la necesidad, expresión de una mentalidad de escasez, de un afán de lucro individual. Al contrario, haces lo que te apasiona y ofreces tu talento a cambio de satisfacción personal y realización profesional movido por tu misión, que manifiesta una mentalidad de abundancia, de vocación de servicio social.

Aportas valor y pones en valor tu potencial. Lo que se premia es tu capacidad creativa para resolver problemas y ofrecer soluciones, para transformar la vida de las personas y generar un impacto positivo en el mundo. Como consecuencia, generas ingresos. Tu motivación principal no es monetizar y «tener éxito», sino hacer lo que de verdad te gusta para ser feliz y sentirte bien. El dinero es importante, pero es el resultado de lo que haces. Nos adentramos en una nueva etapa de la historia en la que el bienestar humano está por delante del beneficio económico.

Un trabajador se puede convertir en un profesional si cambia de mentalidad y encuentra una empresa consciente con la cual comparte valores y en la que pueda desarrollarse plenamente. Por lo general, sin embargo, los profesionales deciden ejercer su actividad de manera independiente, colaborando con otros profesionales y clientes que vibran en su misma frecuencia.

Dedicar un tercio de tu vida a una actividad profesional que no tiene nada que ver contigo porque ignoras tu potencial, porque no sabes cómo usarlo o porque crees que no puedes aspirar a nada más es muy frustrante. ¿No te gusta tu trabajo? Despide a tu jefe. ¿Te han despedido? ¡Enhorabuena!. ¿No encuentras trabajo? No lo busques, diseña una profesión a tu medida. No sigas malgastando tu tiempo ni tu energía. No hipoteques tu vida. Sal de la rueda en la que andas metido.

7.6. CÓMO SALIR DE LA RUEDA

«Estamos produciendo seres humanos enfermos para tener una economía sana.»
Erich Fromm

Vivimos ocupados y preocupados de manera constante, completamente sometidos al trabajo. Vendemos nuestro tiempo de vida a cambio de dinero, del cual somos esclavos, para consumir en exceso y comprar cosas que no necesitamos con el propósito de aliviar, sin éxito, el malestar provocado por una sensación de vacío interno. Así que tratando de llenar ese hueco, nos endeudamos. Las deudas nos obligan a seguir trabajando. Y de esta manera entramos en una rueda sin salida. Robert Kiyosaki, en su famoso libro *Padre rico, padre pobre* (1997), popularizó la expresión «la carrera de la rata», refiriéndose precisamente a esto.

«Ve a la escuela. Estudia. Consigue un empleo. Trabaja. Paga impuestos. Cásate. Ten hijos. Hipotécate. Mira la tele. Sigue la moda. Pide préstamos. Actúa con normalidad. Compra muchas cosas. Camina por la acera. Escoge entre este producto o este otro. Ahorra para cuando seas viejo. Obedece la ley. Y sobre todo, no cuestiones jamás lo que te han dicho que tienes que hacer. Y ahora, repite conmigo: ¡Soy libre!»
George Carlin

PARA PAGARLAS NECESITAMOS

TRABAJAR

PARA CONSEGUIR

DEUDAS

DINERO

PARA LO CUAL CONTRAEMOS

CONSUMIR

QUE NOS PERMITE

¡No puedes parar de correr! ¡No puedes dejar la rueda de golpe! La dificultad para salir es directamente proporcional al tiempo que lleves dando vueltas y a la velocidad que hayas tomado. Si, por ejemplo, llevas veinte años trabajando en una empresa que te da lo justo para sobrevivir, has pedido varios préstamos al banco para pagar la hipoteca de tu casa, la letra del coche y el colegio de los niños, y apenas tiene nada ahorrado, sin duda te llevará más tiempo y energía que si ya has dejado tu trabajo para emprender y no tienes ninguna deuda.

¿Cómo bajarnos de esta rueda que nos impide crecer, florecer y prosperar? Lo primero es tomar consciencia, darnos cuenta de que estamos metidos en ella y tener una auténtica predisposición para salir, acompañada de grandes dosis de compromiso. Muchas veces anhelamos ser libres pero, a la hora de la verdad, la libertad nos asusta: llevamos tanto tiempo atrapados en una celda imaginaria, que nos da miedo salir a la luz cegadora del sol y dejar las ilusiones de la caverna. El segundo paso es invertir el proceso:

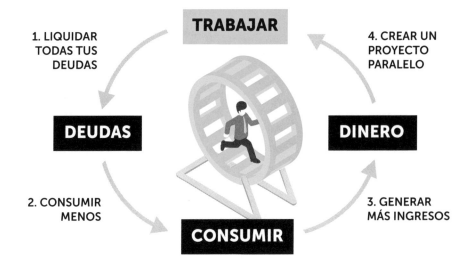

1. LIQUIDAR TODAS TUS DEUDAS

TRABAJAR

4. CREAR UN PROYECTO PARALELO

DEUDAS

DINERO

2. CONSUMIR MENOS

3. GENERAR MÁS INGRESOS

CONSUMIR

1. Liquida tus deudas y deja de contraerlas. No sirve querer avanzar si no sueltas lastre, es necesario desprenderse de lo viejo. Deja de endeudarte. Las deudas tóxicas son ataduras que te impiden alcanzar tu independencia económica.

Si pudiera retroceder en el tiempo y darle un solo consejo a mi yo de veinte años, le diría que no solicitara préstamos bancarios. No es tu dinero, es dinero prestado por un banco que se cobrará sus jugosos intereses, una obviedad que olvidamos con bastante frecuencia. Evitarlos a toda costa es fundamental, o recurrir a ellos en caso de emergencia extrema, solo si tenemos asegurado el retorno de la inversión.

Te servirá:
- Aceptar tu situación financiera actual. No maquilles tus finanzas.
- Hacer un control de ingresos y gastos, en una hoja de Excel o usando un cuaderno.
- Coleccionar tickets y facturas. Recupera el control.
- Utilizar el método cascada. Esto significa empezar por eliminar tus deudas más pequeñas, e irte liberando poco a

poco de las restantes. Es justo lo contrario a lo que te recomendará cualquier asesor bancario. Al eliminar tu primera deuda, tu cerebro entiende que tiene «una menos», lo cual te alivia, tu motivación sube y cada vez tienes más dinero para pagar las siguientes, acortando el tiempo que empleas en deshacerte de ellas. Yo tardé diez años en saldar todas mis deudas y ha sido un verdadero aprendizaje.

2) Consume menos. Simplifica. Cultiva un estilo de vida minimalista, sin gastos superfluos. El consumismo materialista desaparece cuando conectas con tu ser, cuando te llenas de ti no buscas atiborrarte con lo de fuera. A medida que pasas de la apariencia a la esencia, te vas dando cuenta de que no necesitas tanto para ser feliz. Dejas de querer aparentar. Vive por debajo de tus posibilidades, aprende a vivir con la mitad de lo que ganas. Una tarjeta de crédito en manos de alguien sin educación financiera es una bomba de relojería. El sistema lo sabe y lo utiliza como herramienta de control. Como dijo Henry Ford a principios del siglo xx: «Es bueno que la gente no conozca el sistema bancario y monetario, de lo contrario habría una revolución mañana por la mañana».

Del mismo modo, ahorrar durante veinte o treinta años tampoco es una buena estrategia: la inflación provoca que cada año podamos comprar menos con la misma cantidad de dinero. Ahorrar está bien para cubrir imprevistos (ten un colchón económico) o para poner en marcha un proyecto, pero no es una buena estrategia a largo plazo: tu dinero pierde valor con el tiempo, por lo que ahorrar no es una forma de crecer, al contrario.

Intenta discriminar antes de hacer una compra, puedes usar este sencillo pero efectivo cuadrante de «consumo consciente»:

LO NECESITO Y ES BARATO	LO NECESITO PERO ES CARO
A POR ELLO	¿CUÁNDO PODRÉ COMPRARLO?
NO LO NECESITO PERO ES BARATO	EN REALIDAD NO LO NECESITO Y ES CARO
ES ABSURDO	YA SABES LA RESPUESTA

3) Genera más ingresos. Tu vida mejora cuando tú mejoras y lo mismo sucede con tu economía. Tus problemas económicos a medio plazo no se resuelven con dinero (plano material), sino con un cambio de mentalidad (plano intangible) e invirtiendo en educación financiera. Un mínimo de formación en finanzas, esa gran asignatura que no te enseñaron en el colegio, es fundamental. Comprar menos y eliminar deudas —reducir tus pasivos—, aumentará tu margen de maniobra cada mes, pero con eso no es suficiente: necesitas más activos.

Si necesitas dinero para liquidar deudas y pagar gastos mientras sigues rediseñando tu vida, puedes buscar un «trabajo puente»: algo temporal que te pague lo máximo posible. Cuando estuve en Sídney, trabajé durante nueve semanas como transportista, una actividad que no tenía nada que ver conmigo. Ese empleo me sirvió para liberarme del último préstamo que tenía pendiente, invertir en el lanzamiento de un nuevo proyecto llamado «Megustalavida» y coger un vuelo a Bali para pasar unos meses en Indonesia, meses determinantes en mi proceso de reinvención personal y profesional.

Si tomas, entonces, un trabajo puente, cuando tu situación mejore económicamente puedes cambiarlo por otro que te deje tiempo, aunque recibas menos dinero. Ese tiempo que ganas te permitirá invertir energía en impulsar tu nueva profesión o proyecto para obtener fuentes alternativas de ingresos. Para generar más ingresos, tienes que ser muy bueno en lo que haces, entregar mucho valor, cultivar tus relaciones, automatizar y diversificar, además de manejar los recursos del mundo digital para impulsar tu marca personal.

Es primordial construir un sistema de ingresos PERM: pasivos (no requieren tu tiempo), escalables (que crecen), recurrentes (que se repiten cada mes) y múltiples (que vienen de diferentes sitios). Esto no se consigue con un trabajo. ¡Necesitas un plan P! Sí, ni A ni B... plan P de Proyecto Paralelo que puedes complementar con un trabajo, si quieres.

4) Crea un proyecto paralelo. Si antes hablábamos de trabajo versus profesión, ahora hablamos de negocio versus proyecto. El término *negocio* procede del latín *negotium*, que literalmente significa 'lo que no es ocio', es decir, aquello que hacemos cuando no estamos disfrutando de nuestro «tiempo libre». ¿Eso implica que cuando ejerces una actividad profesional, incluso por cuenta propia, no eres libre? ¿Te sientes esclavo un tercio del día? Eso sí que es un mal negocio. Cuando disfrutas de lo que haces porque lo haces desde tu ser, te sientes libre todo el tiempo. De eso va este nuevo paradigma. Pedir vacaciones en el trabajo forma parte de la lógica industrial y su necesidad de producir. No concibo la vida profesional sin disfrute. Por eso en vez de hablar de negocios a secas, hablo de «negocios con alma» o «proyectos conscientes». La palabra *proyecto* viene del latín *proiectus*, que deriva del verbo *proicere*, una combinación del prefijo *pro-* ('hacia adelante') e *-icere* ('lanzar'). Su significado literal es 'lanzamiento hacia adelante'. ¿No es más alentador?

Emprender en tiempos de Internet no requiere mucho dinero. Puedes hacerlo con una mínima inversión. Un proyecto cien por cien digital no supone apenas riesgos. Es cierto que hay proyectos que requieren una mayor inyección al principio, por ejemplo, si necesitas un local o un espacio físico para operar. En la medida de lo posible, utiliza tus propios recursos. Por ejemplo, en lugar de oficina, trabaja desde casa o en algún espacio de *coworking*. En el caso de que tengas que buscar financiación, trata de evitar a toda costa los bancos. Recurre a ellos siempre como última opción. Cuidado con las «ayudas», ninguna entidad bancaria te regala nada.

Puedes hacer una campaña de *crowdfunding*, buscar un socio inversor de confianza, ahorrar dinero por un tiempo (con el propósito de autofinanciar la puesta en marcha de tu proyecto) o compartir tu aventura con familiares y amigos, a ver si quieren sumarse. Ya les devolverás el dinero más adelante, cuando empieces a generar flujo de ingresos.

Para reinventarte o lanzar tu proyecto, no hace falta que dejes tu trabajo, a menos que tu situación económica te lo permita y/o tu situación laboral actual sea «soportable». Cuando no puedes más, debes dejarlo. Pero en muchos casos, no es una opción. Por eso, una alternativa viable es crear un proyecto paralelo que puedas concebir compaginándolo con tu trabajo. Poco a poco, se puede convertir en tu nuevo proyecto de vida, que te permita entonces sí dejar tu trabajo y enfocar toda tu energía en él. Pueden pasar meses o incluso años, lo importante es que te marques metas —con sus motivos— y fechas: ¿cuánto tiempo preciso para ponerlo en marcha?; ¿cuándo estimo que empezará a ser rentable?; ¿qué necesito para ello?; ¿qué acciones debo llevar a cabo?; ¿cuándo podré dejar mi trabajo?

Si le damos un sentido, el proceso se hace más ameno. La situación ideal es dejar el trabajo sin deudas y con un pequeño colchón de dinero, para no tener la presión añadida de tener que monetizar rápidamente por falta de liquidez y, de nuevo, caer en la trampa de la necesidad. Es una agonía. Desde la carencia no haces las cosas con amor. Cuando un nuevo proyecto nace, se cocina a fuego lento. Si subes demasiado la lumbre, te acabarás quemando. Si estás en tensión, no disfrutarás del proceso y eso se notará en los resultados. No puedes manifestar abundancia desde la frecuencia de la escasez.

Recuerda la emoción que te mueve, ese anhelo por sentirte libre y dedicarte a lo que realmente te motiva. Al principio tendrás que dedicarle más horas. Si trabajas, tendrás una doble jornada: la de tu trabajo actual y la de tu nuevo proyecto. Muchos hemos empezado así.

Si no tienes trabajo, tienes dos opciones:
- Si necesitas ingresos, buscar un trabajo puente y/o pedir ayuda.
- Si tienes un colchón económico, invertir en tu proyecto.

No digo que sea fácil, pero el esfuerzo merece la pena. Un proyecto paralelo puede ser un emprendimiento, una actividad ligada a tu marca personal que ejerces como *freelance* o autónomo, colaboraciones con empresas que tengan tus mismos valores, etcétera. Hagas lo que hagas y te dediques a lo que te dediques, necesitas darle estructura y crear una base sólida. Tenemos que construir los cimientos sobre los que vas a levantar tu nuevo proyecto de vida.

Ahora que ya entendemos un poco mejor cómo funciona este nuevo marco profesional y de qué manera podemos empezar a salir de la rueda, vamos a ver cómo diseñar una profesión a tu medida para conquistar tu libertad y convertirte en un profesional próspero y feliz.

«NO TE ESFUERCES POR SER EXITOSO, MÁS BIEN POR SER VALIOSO.»

Albert Einstein

8. REVOLUCIONA TU VIDA

EN ESTE CAPÍTULO...

> ¡Es hora de diseñar una profesión a tu medida! Vamos a
> por tu revolución personal y profesional.

8.1. UNA PROFESIÓN A TU MEDIDA

Acabamos el capítulo anterior hablando de la posibilidad de
crear un «proyecto paralelo» como alternativa viable para generar ingresos PERM y salir de la rueda o «carrera de la rata»,
como la llamaba Robert Kiyosaki.

Para diseñar una profesión a tu medida, vamos a definir cuatro
elementos fundamentales aplicando el Método HUMANS®:
problema, solución, transformación y audiencia, que, como
ves, está en el centro.

Estos principios te permiten crear una base sólida sobre la cual estructurar tu proyecto, son válidos si quieres emprender por cuenta propia, lanzar tu marca personal, ejercer tu actividad por cuenta ajena o, incluso, montar una empresa más tradicional.

1. Identifica un problema: lo que solucionas. ¿Qué necesita el mundo?

Escoge una preocupación real. Elige una necesidad concreta. Algo que seas capaz de resolver. Puedes aliviar un sufrimiento, reducir una frustración, elevar la energía vital, mejorar la salud, educar o enseñar algo útil, facilitar la vida de las personas, democratizar el conocimiento, etcétera.

Normalmente, acabamos solucionando un problema que nosotros mismos hemos padecido y hemos logrado superar gracias a la solución que ahora proponemos y ponemos al servicio de los demás, para que otros que están en esa misma situación también puedan superarlo. También es frecuente que identifiques un problema que has reconocido en tu entorno más cercano, que involucre a un familiar, un amigo o un conocido. O es posible que simplemente hayas visto algo mejorable en la sociedad, algo que puedes aportar o que falta en un contexto concreto, aunque tú mismo no te hayas visto afectado por ello.

El camino fácil es alimentar deseos egoicos —estatus, poder, imagen, dinero, etcétera— convirtiendo nuestra sensación de carencia en un negocio. Dado que durante mucho tiempo hemos vivido atrapados en niveles de consciencia superficiales, confundimos necesidades reales con ideales artificiales. De ahí que hayan proliferado las estrategias de marketing engañosas, con eslóganes aberrantes tales como: «Cómo ser millonario en una semana»; «Los 7 pasos para tener éxito»; «El sistema definitivo para adelgazar en 5 días». Este tipo de prácticas rancias y obsoletas, que hasta ahora funcionaban, tienen los días contados. A medida que vamos conectando con nuestra esencia, la apariencia va perdiendo fuerza.

Un proyecto consciente, con propósito, además de estar conectado contigo mismo, busca ayudar y cubrir las necesidades del otro sin recurrir a engaños. Esto se relaciona con tu misión. Puedes hacerte estas preguntas: ¿Qué eres capaz de solucionar? ¿De qué se queja la gente? ¿Cuáles son sus preocupaciones o frustraciones? ¿En qué te crees capacitado para ayudarles? ¿Cómo se sienten? ¿Qué les impide sentirse mejor?

En mi caso, ayudo a personas que están perdidas o estancadas laboralmente, que tienen dificultades para reconducir su vida, que quieren descubrir su verdadera vocación, que están inmersas en un proceso de cambio y necesitan reinventarse para sentirse realizadas.

Puede que tu audiencia tenga varios problemas. Escríbelos todos y conéctalos con tu potencial, con tus talentos y pasiones, con tus conocimientos, con tus propias motivaciones. Y finalmente, enlázalo con una solución concreta y fiable que hayas podido validar previamente.

2. Crea una solución: lo que ofreces. ¿Cómo vas a resolver ese problema?

La solución debe ser sencilla, relevante, útil, eficaz y ultraespecífica. Cuanto más concreto seas, mejor. Quien tiene un problema muchas veces no sabe lo que necesita, lo único que tiene claro es cómo se siente. Esa es su motivación. ¿Qué puedes ofrecerle? Empieza pensando en temáticas, ideas, recursos, etcétera, basados en tu propósito (potencial y profesión). De la conjunción del problema y la solución surge una propuesta de valor única y genuina. Esto se relaciona con tu monetización. Nunca dejes de optimizarla.

Hazte las siguientes preguntas: ¿Qué propones?; ¿Cómo vas a mejorar la vida de tu audiencia?; ¿Qué necesitan las personas a las que te diriges?; ¿Cómo crees que estarán más satisfechas? ¿Qué hará que se sientan mejor?

En mi caso, combino herramientas de autoconocimiento y desarrollo personal, a partir de las cuales he creado mi propio método. He diseñado una hoja de ruta que aporte claridad y orientación a quienes desean conectar su vocación con una profesión consciente y rentable.

A partir de la solución que puedas aportar, construye un catálogo mínimo viable: una oferta inicial de productos y/o servicios complementarios —cuidado con la canibalización— de alto valor, que se conviertan en una experiencia «transformadora» para tu audiencia. Puedes empezar con uno o dos servicios, al principio no hace falta más. Luego ya le irás dando a tu solución diferentes formatos, definiendo sus características —descripción racional—, sus beneficios —descripción emocional— y su precio. Esto es lo que te permite generar ingresos PERM con tu proyecto.

Imagina, para poner un ejemplo, que ejerces como nutricionista. Quieres ofrecer servicios de asesoramiento profesional en alimentación. Lo puedes hacer de manera presencial y/o virtual por medio de consultas privadas e individuales. Pero además, puedes grabar un curso *online*, crear *packs* con planes nutricionales semanales y mensuales, impartir formaciones y talleres para enseñar a otras personas a implementar nuevos hábitos alimenticios, participar en eventos y conferencias, escribir un libro de recetas saludables o vender productos creados por ti a través de una tienda virtual. ¡Las posibilidades son infinitas!

¿Qué formatos puedes usar para tu catálogo de soluciones?

- Servicios profesionales. Son soluciones especializadas en una determinada temática. Pueden ser en formato *online* y/o presencial. Por ejemplo, consultas privadas uno-a-uno, sesiones individuales, mentorías, consultorías y asesoramiento, trabajos como experto (diseño web, audiovisual, entrenamientos personalizados), etcétera.
- Venta de productos físicos propios, en tiendas físicas o virtuales. Puedes crear, por ejemplo, una tienda *online* o vender tus productos dentro de tu propia página web como un complemento de tus servicios profesionales.
- Venta de infoproductos. Son aquellos productos digitales —*ebooks*, cursos *online*, *podcasts*, *webinars*, tutoria-

les, etcétera— que empaquetan tus conocimientos y tu experiencia. Suelen abordar temas muy concretos, de ahí que sean tan útiles para quienes están interesados en dichas temáticas.

- *Packs* y planes. A través de los *packs* y planes puedes combinar servicios, productos e infoproductos que se complementan. Son soluciones integrales por un valor reducido, que enriquecen tu catálogo. También puedes hacer venta cruzada, ofreciendo soluciones relacionadas.
- Formaciones y talleres. Se trata de experiencias grupales en vivo, en formato *online* y/o presencial. Pueden ser en colaboración con otros, lo cual multiplica tu visibilidad. También puedes grabarlos y posteriormente ofrecerlos como infoproductos.
- Eventos y conferencias. Habla en público para conectar con tu audiencia y compartir lo que sabes. Hacerlo de manera gratuita, cuando uno comienza, permite ganar confianza, afinar tu discurso, darte a conocer y producir contenidos (fotos y vídeos), pero no olvides que es una inversión de tiempo y energía. Aportas un gran valor.
- Afiliación y colaboraciones. Recomienda los servicios de otros profesionales y expertos y productos relacionados con la temática a la que te dedicas a cambio de una comisión. No lo hagas solo por el incentivo económico, hazlo porque de verdad es valioso para ti y para tu audiencia.
- Membresías y suscripciones. Existen muchas plataformas de suscripción mensual a través de las cuales puedes ofrecer a los miembros suscritos contenidos exclusivos como vídeos, cursos, tutorías grupales, etcétera.

Puedes crear diferentes soluciones para diferentes problemas —por ejemplo, consultoría privada de estrategia empresarial para proyectos consolidados y *mentoring* grupal para emprendedores que están arrancando— o la misma solución para un problema concreto pero en diferentes formatos —por ejemplo, consulta de *coaching* vocacional, curso *online* para descubrir tu vocación y un libro sobre reinvención profesional.

Casi todos empezamos ofreciendo servicios profesionales como expertos en un tema a través de asesorías o sesiones privadas. Mi sugerencia es que, inicialmente, contemples al menos la venta combinada de tu servicio principal con infoproductos y formaciones y talleres. Si te limitas a servicios o productos que te obligan a «gastar» tu tiempo, acabarás extenuado y acotarás tus ingresos. Te convertirás en un «autoempleado». Si quieres generar ingresos PERM, debes diversificarte. Los intangibles son escalables porque puedes entregarlos masivamente sin incrementar tus gastos. Solo inviertes tu energía en producirlos una vez. Su stock es infinito. Colecciona activos variables que trabajen para ti, que te liberen. Piensa en productos e infoproductos que se complementen y que, a su vez, complementen tus servicios.

El valor tiene mucho que ver con las expectativas y lo determina tu audiencia. Una cosa es el valor percibido (lo que de verdad están dispuestos a pagarte) y otra el valor proyectado (relacionado con tu propuesta de valor). El primero depende del segundo, así que tu misión es trabajar en el valor proyectado, para que el valor percibido sea acorde con el valor que has asignado, el precio, que lo determinas tú mismo. También hay que tener presente lo que te cuesta producir una solución, el tiempo invertido también es un coste.

Echa un vistazo al sector en el que te encuentras para ver cuánto están cobrando otros profesionales que hacen algo similar. Lo vimos en capítulos anteriores: si tú no te valoras, no te valoran. Tus precios no se basan en lo que cuestan tus servicios y/o productos, sino en el valor que entregas, en aquello que prometes a tu audiencia. Si ejerces como psicólogo, no vendes sesiones, ofreces bienestar. Muestra las características racionales de tu solución, pero sobre todo pon especial énfasis en sus beneficios emocionales, que es lo que de verdad mueve a tu audiencia, que tiene que ver con esa emoción que sentirá después de probar o usar tu solución. Eso es lo que buscan: la transformación.

3. Define la transformación: lo que prometes. ¿Qué van a conseguir gracias a ti?
Lo que prometes debe ser evidente y necesario. Es el compromiso que asumimos con cada persona, el beneficio que logran, el cambio que consiguen con tu solución.

Hazte las siguientes preguntas: ¿Qué es lo que pueden esperar de ti o de tu propuesta?; ¿Cuáles son las ventajas de trabajar contigo?; ¿Qué van a mejorar con tu ayuda?; ¿Qué eres capaz de lograr?; ¿Cuál es el resultado de tu labor?; ¿Qué motiva a tu audiencia?

A través de tu solución acompañas a tu audiencia del punto (A)ngustia al punto (B)ienestar. Es exactamente el mismo viaje que estás experimentando tú. ¿Cómo se van a sentir cuando lleguen al punto (B)? Esa es la transformación. Usa la siguiente tabla para concretar el problema (cómo se sienten las personas que acuden a ti), la solución (lo que propones) y la transformación (lo que van a conseguir a través de tu intervención).

PUNTO A ⟶ PUNTO B

PROBLEMA	SOLUCIÓN	TRANSFORMACIÓN
Sientes que...	Lo que te propongo	Lo que vas a conseguir

Si escribes ensayos de divulgación, por ejemplo, prometerás conocimiento e información documentada sobre un tema concreto. Si escribes ficción, prometerás entretenimiento. Si te desempeñas como nutricionista, prometerás mejorar la condición física y emocional de tus clientes.

De la conjunción del problema y la transformación surge una promesa de marca valiosa y realista. Si generas expectativas que no puedes cumplir, provocarás insatisfacción. De la combinación de la solución y la transformación se origina la experiencia que brindas a tu audiencia, que es la clave de todo. La decisión de compra es emocional.

No hay mejor manera de mostrar la transformación que a través de los testimonios, casos reales de «éxito», pruebas sociales que demuestran el resultado de tu trabajo, personas satisfechas con lo que haces. Nada mejor que el boca a boca. No hables de ti, deja que otros lo hagan, pide reseñas. En el caso de que te dediques a solucionar un problema que antes hayas solucionado para ti, el mejor testimonio de tu promesa sueles ser tú mismo, al compartir día tras día tu propia transformación. Esta inspira a otros, es un ejemplo y muestra que tu propuesta funciona.

4. Delimita tu audiencia: a quién te diriges. ¿Para quién lo haces?

Todo gira en torno a las personas. Las personas son las que tienen problemas y necesitan soluciones para transformar su situación.

Una vez que hayas definido el problema, la solución y la transformación, tienes que delimitar el perfil de tu audiencia potencial. Puede ser una persona o un colectivo. Haz una radiografía vital: sexo, rango de edad, nacionalidad, situación profesional, valores, intereses, etcétera.

Procura que sea un segmento específico de audiencia, una tribu muy concreta. Puedes dirigirte a varias audiencias y ofrecerles diferentes soluciones.

AUDIENCIA		
TE DIRIGES A....		
Sexo	Rango de edad	Nacionalidad
Situación profesional	Valores	Intereses
Objetivos	Preocupaciones	Otros datos relevantes

En una escuela de negocios de Madrid me enseñaron que tenía que buscar una idea innovadora a partir de la cual articular todo mi proyecto empresarial, buscando un nicho de mercado potente, elaborando un *business plan* a cinco o diez años, etcétera.

Es propio de la lógica industrial empezar por una idea, normalmente oportunista —la famosa «oportunidad de negocio»—, para satisfacer una demanda existente, cubrir una necesidad en masa e incluso crearla. El objetivo principal es el beneficio económico y comercial. Por eso, si buscas financiación en una ronda de inversión, verás que lo único que interesa es la viabilidad de tu modelo de negocio, es decir, cómo vas a ganar dinero, cómo vas a hacer que tu proyecto se convierta en el nuevo Amazon o Facebook. Quizás no todos queramos ser Jeff Bezos o Mark Zuckerberg.

En el nuevo paradigma, la clave es la personalización, ayudar a resolver problemas desde tu esencia, darle a cada cual lo que necesita. Recuerdo que cuando entregué mi trabajo final del máster en aquella escuela de negocios, jamás se preocuparon por saber si la idea de mi proyecto tenía un propósito profesional conectado con mi potencial.

Es más fácil prosperar si te dedicas profesionalmente a tu vocación y complementas tus fortalezas con nuevas habilidades para llegar a tu audiencia o te conectas con personas que te ayuden a llegar a ella. Por ejemplo, puedes aprender diseño web o contratar a un diseñador web.

En esta nueva era, empezamos identificando un problema —lo que necesita el mundo— y a partir de ahí articulamos el resto.

¿Cómo vas a comunicarlo?

Versión larga de tu mensaje (*elevator pitch*).

Ahora junta todos estos ingredientes para crear un mensaje que sea atractivo, creíble, auténtico, coherente, claro, potente y conciso. Pero sobre todo real. Lo real es sexy.

¿Qué es realmente lo que haces? ¿Por qué van a comprar tus productos o contratar tus servicios? ¿Por qué te van a elegir a ti?

Pongamos como ejemplo el caso de Charo Vargas, creadora de la marca Charuca: «ayudo a mujeres valientes que quieren empoderarse a través de la papelterapia. Y como resultado de mi labor logro que se conviertan en las jefas de su vida».

En tu caso sería:

Ayudo a _____
(AUDIENCIA)

que necesitan _____
(PROBLEMA)

a través de _____
(SOLUCIÓN)

y como resultado de mi labor _____
(TRANSFORMACIÓN)

Versión corta de tu mensaje (*claim*).

Además de la versión larga de tu mensaje, que puedes utilizar en una conversación con potenciales clientes o en tu página web, la versión corta o simplificada te servirá para impactar cuando no tienes tiempo de explicaciones: en la biografía de tus redes sociales, en una tarjeta de visita o como lema para tu logotipo.

Mi lema es «¡Atrévete a ser!»; en el caso de Charo Vargas: «¡Sé la jefa de tu vida!».

¿El tuyo? _____

Ahora que ya lo tienes, vamos a ver qué necesitas para materializar tu nuevo proyecto profesional y darle forma a tu emprendimiento. ¿Cuáles son los pasos estratégicos a seguir? ¿Qué acciones tomar? ¿Qué canales o recursos del mundo digital utilizar al comienzo? Lo simplificaré al máximo.

8.2. PILOTANDO TU PROYECTO

Imagina que eres el piloto de tu proyecto o, más bien, que quieres serlo. Estos son los ocho aspectos clave para poner el motor en marcha y convertirte en conductor de primera:

PROPÓSITO

1

8 **SISTEMAS** AUTO

2 **LEGAL**

7 **FINANZAS**

3 **LOGO Y WEB**

6 **MENTORES**

4 **SEO Y REDES**

5

CONTENIDOS

1. El carnet: propósito profesional

Empezamos por lo esencial. Para conducir no basta con tener un vehículo, necesitas el carnet para conducirlo. Ese carnet es tu propósito profesional. Si no lo tienes, acabas montado en el vehículo de otro, como pasajero o quizás —en el mejor de los casos— como copiloto.

Un propósito te da orientación, seguridad y confianza, capacidad de dirigir tu proyecto en la dirección adecuada con firmeza. Si no te emociona, no es para ti. De nada sirve tener un «cochazo» si no sabes a dónde vas.

Sácate el carnet antes de conducir. Entonces sí: ¡Es hora de elegir el vehículo adecuado!

Pero incluso antes debes conocer el marco legal del país en el desarrollas tu proyecto, no vaya a ser que te multen por exceso de velocidad.

2. El seguro: aspectos legales

¿Conoces el marco legal? En cada país existen una serie de reglas jurídicas y fiscales propias del territorio en el que vas a crear tu proyecto. Como desarrollarás una actividad con fines comerciales, tienes que cumplir con la legislación vigente asociada a dicha actividad.

Por ejemplo, al momento de publicar este libro, para lanzar un proyecto *online* en España, además de adoptar una forma jurídica (autónomo o sociedad) y darte de alta en Hacienda y en la Seguridad Social, tienes que cumplir con la Ley de Servicios de la Sociedad de la Información y del Comercio Electrónico (LSSICE) y la Ley Orgánica de Protección de Datos Personales y garantía de los derechos digitales (LOPD-GDD), entre otras.

Ten en cuenta que la legislación es cambiante y que tiene infinidad de matices. Lo decisivo es que te informes y eduques: nadie lo hará por ti. Y se aprovecharán de ello. Busca el asesoramiento de un profesional experto en temas fiscales, que haga esta gestión para ti y que además te lleve la contabilidad. Así evitarás quebraderos de cabeza. Lo mejor es que tú te centres al cien por cien en tu proyecto.

3. El vehículo: logotipo y página web

Ahora sí: tu vehículo es tu página web. Sí, la necesitas. Pero antes vamos a elegir el modelo, el color y los extras. Tu identidad visual es lo primero que verán de ti. La imagen de tu proyecto es fundamental: procura que la primera impresión sea adecuada y, más allá de eso, que te represente. Tu logotipo debe proyectar tus valores y transmitir tu esencia. Necesitas: nombre, pantone (paleta de colores) y tipografía, y un isotipo (icono o símbolo), si se da el caso.

Puedes usar tu nombre propio o un pseudónimo como profesional, o un nombre corporativo si se trata de un proyecto empresarial. Una vez que tengas tu logotipo, necesitas construir una página web que esté alineada con dicha identidad. Tu web es un elemento fundamental, no solo un escaparate.
- Es el centro neurálgico de tu proyecto.
- Es el currículum de la nueva era.

- Muestra tu propósito (potencial + profesión).
- Es una herramienta de autoconocimiento.

Hoy en día todo profesional debería contar con su propia página web. Quizás puedas pensar que tener una cuenta en una red social es suficiente, pero es importante señalar que no son plataformas excluyentes, sino complementarias. Sus objetivos son diferentes. Todo suma. Piensa que si la red social deja de existir, «desapareces». Tu web, en cambio, siempre estará visible: es tu propia plataforma profesional. Da igual si operas o no en el mundo digital, si trabajas o no para ti. ¿Te imaginas si en lugar de tu currículum mandas el enlace de tu página web?

Aún hoy, sigue aportando un gran valor diferencial, porque quienes la tenemos somos una minoría no representativa de la sociedad. Puedes provocar mayor impacto y proyectar mayor autoridad que quien no la tiene.

Cuando empiezas, una web sencilla es suficiente. Tu sitio es algo vivo, un espacio creativo y estratégico, que se irá transformando, al igual que tú. Comprueba que el dominio está libre. A medida que vaya creciendo, podrás escalar tu proyecto e incluso crear otro paralelo que te permita separarlo de tu marca personal. Dispones de herramientas fáciles y económicas para diseñar una página web sin conocimientos técnicos, pero te recomiendo que utilices un gestor de contenidos como Wordpress: es una solución profesional y escalable que dispone de un CMS amigable y autogestionable con plugins que añaden nuevas funcionalidades a tu web.

Para crear tu página web necesitas:
- Registrar tu dominio.
- Contratar un hosting.
- Instalar y configurar Wordpress.
- Instalar y personalizar una plantilla.

La mayoría de las empresas de hosting, además de servicio de alojamiento, permiten hacer el registro de tu dominio y cuentan con instalación automática de Wordpress. Si es tu primera vez con este tipo de herramientas, la curva de aprendizaje será alta. Si tus posibilidades te lo permiten, contrata a un buen profesional: ahorras tiempo y el resultado será mejor. Solo hay una cosa peor que no tener página web: tener una mala página web. Esto se traduce en malos resultados.

Además de un aspecto estético cuidado, una web debe ser dinámica y funcional, coherente y estructurada, atractiva y accionable. Debe conectar con tu audiencia y ofrecer una buena experiencia de usuario (UX) a través de una navegación rápida, sencilla, intuitiva y adaptada a dispositivos móviles. El *copywriting* tiene que crear textos efectivos, con títulos llamativos y llamadas a la acción claras. Además, es recomendable ofrecer un *lead magnet* (contenido de valor gratuito) que sirva de gancho para captar al menos el correo electrónico de tus nuevos visitantes: que nadie se vaya con las manos vacías, tú tampoco. De esta forma, podrás seguir comunicándote con ellos más tarde.

Que tu página web diga quién eres y cuál es tu historia (sobre mí), qué haces y para quién lo haces (servicios), que demuestre lo que sabes y lo que prometes (blog y testimonios) y que facilite tu contacto (formulario, teléfono, correo electrónico, *chatbox*, etcétera). Esto es lo básico. Destaca palabras clave y jerarquiza la información. En general, no leemos: escaneamos. Ve al grano. No olvides que tu página web es una carta de presentación. Si no te promociona adecuadamente y no vende, ¿para qué la quieres?

4. La gasolina: SEO y redes sociales.

De nada sirve tener un gran coche aparcado en la puerta de casa. Necesitas gasolina para que tu proyecto se mueva. En otras palabras, necesitas que las personas accedan, tienes que generar tráfico a tu web.

En este caso, la gasolina se llama SEO (Search Engine Optimization) o posicionamiento orgánico en buscadores. Tener una web increíble con un catálogo de servicios y/o productos alucinantes no es suficiente. Da igual lo valioso que seas si nadie te conoce.

Hay dos maneras de obtener visibilidad:

a) Ser tan bueno en lo que haces, que el simple hecho de hacerlo genera, por sí mismo, atracción y tracción para tu proyecto. Es necesario ponerlo en valor (marca personal), por supuesto, pero no hay mejor publicidad que un cliente contento y satisfecho.

b) Posicionar tu web en motores de búsqueda para que recibas tráfico cualificado, atrayendo visitas de calidad. Hablamos de SEO *on page* (autoridad) y SEO *off page* (popularidad). El primero se refiere a optimizar todo aquello que está dentro de tu web: estructura interna, mejora de textos, actualización de contenidos, depuración de código, etcétera, mientras que el segundo se refiere a todo aquello que está fuera de tu web: redes sociales, *backlinks* (enlaces externos apuntando a tu página), etcétera.

Instagram, YouTube, Facebook, Twitter, LinkedIn, Twitch, TikTok, Clubhouse y otras herramientas emergentes que poco a poco triunfarán en un mundo cada vez más consciente, desterrando a las Big Tech —soy un idealista— y proponiendo experiencias más libres y sin censura, como Parler, Gab, Rumble, MeWe o Telegram, te sirven como «altavoces» para entregar mucho valor, amplificar tu alcance, darte a conocer y posicionarte como un experto en lo que haces.

Las redes sociales te permiten crear vínculos y comunicarte con tu audiencia. Según The Global State of Digital, un informe elaborado en 2020 por Hootsuite y We Are Social, se estima que más de 3.800 millones de individuos utilizan estas plataformas, lo que supone cerca del 50 % de la población mundial. ¿Qué quiere decir esto? Que una de cada dos personas tiene una cuenta en estas plataformas. Las redes sociales son como el bar de moda de la esquina que frecuentan todos tus amigos. Y esa chica o chico que te gusta. Allí encontrarás a tu audiencia. La manera de seducirla es por medio de los contenidos.

5. El altavoz: contenidos

¡El contenido es un imán para tu audiencia! Crea, publica y comparte contenidos originales y de interés para tu audiencia, en distintos formatos —texto, imagen, audio, vídeo— y por medio de diferentes canales —blog, redes sociales, *podcast*, *email marketing*—. Hablamos de contenidos relevantes y valiosos que atraen, entretienen, informan, son útiles y te dan alcance y difusión, que cotidianamente demuestran tu valía.

Todo esto mejora tu posicionamiento y te permite de nuevo conectar con tu audiencia, estrechar lazos, crear comunidad, provocar debates y entablar conversaciones en torno a los temas que tratas. En última instancia, multiplica tu *engagement*, que mide el nivel de interacción, compromiso e interés por parte de tu audiencia.

No te centres en coleccionar me gusta y seguidores, comparte lo que sabes para recibir interacciones de calidad. Humanízate, quítate la coraza. De esta manera lograrás que tu audiencia empatice, comente lo que publicas, guarde lo que compartes y a su vez lo comparta también con sus familiares y amigos. Hazlo desde la autenticidad y sin caer en la trampa de la obligación autoimpuesta de tener que publicar cada día, que es a lo que incitan muchos expertos. Si usas las redes de manera enfermiza, te esclavizas. Me adhiero a una máxima: cuanto más ausente del mundo virtual, más presente en la vida real. De ahí que mis apariciones en redes sean intermitentes. No olvidemos que todo esto son recursos y herramientas para darnos a conocer.

Evalúa qué plataformas te gustan más, de qué manera quieres exponerte y dónde está tu audiencia potencial para elegir los canales que mejor te convengan. Lo importante no eres tú, sino tu tribu. Y tu mensaje. Y todo lo que sucede a través de ti.

Para que tu voz se escuche lejos, necesitas altavoces. Como altavoz, además de las redes sociales, destacaría las alianzas y sinergias: las colaboraciones, la participación en eventos, las entrevistas, las charlas informales y, sobre todo, las conversaciones grabadas o en riguroso directo. ¡Cuida y cultiva tu red de contactos!

Colaborar con otros expertos que vibran en tu misma sintonía es una «estrategia» muy potente. Te ofrece la posibilidad de darte a conocer a través de sus canales (escaparates) y llegar a su audiencia. Elige personas con las que resuenes, expertos reputados que te caigan bien y con los cuales compartas valores, deja que su tribu te conozca.

En julio de 2019, cinco meses después de volver de Sri Lanka, mencioné en una publicación de Instagram a una mujer emprendedora a la que admiro mucho. Es muy conocida en España. Me respondió. Tan solo dos meses más tarde, estaba en la cocina de Charo Vargas (Charuca), en Barcelona, grabando el episodio 37 de Jefa de tu vida: «Cómo pasar de estar en la mierda a tener una vida feliz». Aún hoy me siguen escribiendo personas que han escuchado aquel *podcast*.

6. El copiloto: mentores

Un mentor es una persona que ya ha pasado por lo que tú estás pasando. Recurrir a sus servicios puede ser una buena idea cuando estás en el arranque o si estás estancado. Pero un libro, un curso online, un podcast, un vídeo en YouTube también pueden cumplir con este rol. ¡Colecciona mentores!

Un mentor te acompaña en tu crecimiento personal y profesional. Te ayuda a fijar un rumbo y unos objetivos claros. Evita que pierdas el norte o te apoya para que puedas recuperarlo. Es como un entrenador personal: no lo necesitas, puedes ir al gimnasio y entrenar sin su ayuda, pero con él los resultados llegan. Te corrige, te motiva y te va guiando. Te da seguridad y confianza. Como mentor, muchas veces no te contratan por lo que sabes, sino porque gracias a ti no tiran la toalla.

Por eso es bueno nutrirse de los conocimientos y la experiencia de otras personas que ya hayan vivido tu proceso, aunque cada cual lo viva a su manera. Al final de este libro tienes una bibliografía con libros y fuentes que quizás puedan servirte. A mí me han ayudado mucho. Aprende de otros, cada persona tiene algo valioso que aportarte.

7. El presupuesto: finanzas

¿Cuál es tu capacidad financiera? Para comprar un vehículo, contratar un seguro, llenar el depósito de gasolina, etcétera, necesitas dinero. No hagas trampas: ya sabes que pedir dinero «prestado» a un banco a cambio de intereses no es una gran solución. No hace falta ser contable para realizar un chequeo del flujo de ingresos y de la estructura de costes. Y es recomendable hacerlo antes de ponerte manos a la obra.

Es una tarea más sencilla de lo que parece. La diferencia entre tus activos y pasivos es tu patrimonio neto. Si la diferencia entre tus ingresos y gastos es negativa, no tienes beneficios. Esto es educación financiera para niños. En tal caso:

- Disminuye tus gastos (pasivos), es decir, todo aquello que te quita dinero y que normalmente pagas con tu tiempo de vida: préstamos, alquiler, coche, impuestos, etcétera.
- Aumenta tus ingresos (activos), es decir, todo aquello que te deja dinero: servicios, productos, infoproductos, formaciones, talleres, afiliaciones, proyectos, inversiones, etcétera.

Parece obvio, pero ¿cuántas personas conoces que tengan más activos aparte de su salario? Por eso generar ingresos PERM es fundamental. Haz un pequeño control de ingresos (activos) y gastos (pasivos) para hacer los ajustes que sean necesarios. Con esto te puedes hacer una idea de la rentabilidad del proyecto, si te resulta viable ahora mismo o si debes esperar un poco, invirtiendo más tiempo.

8. El piloto automático: sistemas

¿Cómo vas a escalar tu proyecto? Así como ninguna persona crece sin buenos hábitos, ningún proyecto crece sin buenos sistemas. Los sistemas te permiten automatizar tareas, optimizar flujos de trabajo, ahorrar tiempo, fortalecer vínculos y seguir creciendo sobre una base sólida. Sistematiza tu actividad hasta que tu actividad no te necesite. Y puedas delegar.

¿Qué necesitas para crear un sistema?

1. Establecer una estructura interna, con cuadros de mando, procesos, herramientas y protocolos específicos para mejorar la organización, gestión, coordinación y eficacia.

2. Conocer el «ciclo de vida» de tu audiencia, para saber cuáles son las diferentes etapas desde que un usuario (extraño) te descubre (atracción) porque has despertado su interés, hasta que decide tener una cita contigo (cliente) porque te considera su mejor opción (captación) y finalmente repite (prescriptor) y te recomienda porque está contento con tu solución (fidelización).

3. Crear una «escalera de valor» a través de la cual vayas ofreciendo contenidos gratuitos y de pago que van incrementando su valor y, en consecuencia, su precio, a medida que va madurando la toma de decisión.

4. Construir un «embudo de ventas» para acompañar a tu audiencia a través del ciclo de vida, cultivando relaciones valiosas y sostenidas en el tiempo, programando una serie de acciones en cada fase del proceso y usando para ello diferentes canales (redes sociales, página web, etcétera).

En última instancia, se trata de darle un sentido a todo lo que haces para no caer en el «hacer por hacer» o «no me da la vida» para que tu proyecto crezca de manera organizada. No hay otra fórmula. Tu marca personal también es decisiva en esto.

8.3. TU MARCA PERSONAL

Si tu autoestima es la percepción que tienes de ti, tu marca personal es la percepción que otros tienen de ti. Reconoce la huella que dejas en los demás. Si esa huella es real, te acabarás convirtiendo en una autoridad.

CÓMO YO ME PERCIBO ──► CÓMO LOS OTROS ME PERCIBEN
    Autoconocimiento   Marca personal

Los demás te ven tal y como tú te ves, por eso es tan importante liberarte del falso autoconcepto para desarrollar una marca personal auténtica. Si no valoras lo que ofreces, los demás no te valorarán. Sin autoestima, lo que proyectas es tu fachada social, esa misma que usas para protegerte del mundo. Si no te conoces, lo que ven es una huella artificial, lo que muestras es un personaje.

Sin autoconocimiento, difícilmente podrás desarrollar una marca personal magnética, sólida, legítima. Todos tenemos marca personal. Sí, tú también. Tal vez sin quererlo o sin saberlo. La invitación es a que la trabajes de manera consciente, para que sea coherente con tu esencia, para que manifieste tu singularidad, eso que te diferencia. Trabajar en tu marca personal es fortalecer tu credibilidad, brindar confianza, generar un impacto. Consigues, a través de ella, visibilidad. Es una herramienta para conquistar tu libertad. Es fundamental en este nuevo marco profesional.

¿Cómo te perciben los demás? ¿Recuerdas el ejercicio que hicimos en el capítulo 6? Se trataba de hacerle a tu entorno una serie de preguntas: ¿Cuál es mi punto fuerte?; ¿Cuál es mi punto débil?; ¿Qué es lo primero que te viene a la cabeza cuando me piensas?; ¿Qué talento innato ves en mí?; Dime tres cosas que se me dan bien; Si fuera protagonista de una película, ¿qué título le pondrías?

Esa es tu marca personal. Ahora es preciso profesionalizarla. Es posible que los demás tengan una percepción desfasada de ti: muestra lo que eres ahora para que su percepción se actualice. Sintoniza tu marca personal con tu autenticidad para que se corresponda con tu verdadero yo.

Pregunta: ¿A quién envidias? Sí, has leído bien. La envidia también nos da indicios sobre lo que potencialmente somos, intereses, carencias, inseguridades, etcétera. Ahora cambiemos la envidia por admiración y reformulemos la pregunta: ¿Quién te inspira? ¿A quién admiras? ¿Con quién quieres trabajar, colaborar, hacer entrevistas? Haz una lista de referentes destacando aquello que te inspira de cada uno de ellos (su historia, sus valores, su estilo de vida, su proyecto profesional, sus contenidos, su propósito, etcétera).

REFERENTES	¿POR QUÉ TE INSPIRAN?

A estas alturas de la lectura, la cuestión fundamental no es cómo quieres ser percibido, sino cómo te percibes tú mismo. Esa es tu verdadera huella, el resto son sucedáneos condicionados por tu ego. Ya no se trata de qué valores quieres que vean, sino de cuáles son tus valores reales.

Claro que hay quien utiliza una careta; la mayoría lo hace de manera inconsciente. Muchos han tenido y siguen teniendo «éxito» dentro de la lógica industrial (ventas y dinero), pero cada vez más personas se están quitando la máscara, mostrando sus luces y también sus sombras, contando su historia, compartiendo su proceso, mostrando sus inseguridades. La generación de los personajes tiene fecha de caducidad.

En la nueva era lo que prima es lo auténtico, lo esencial. Y aunque puedas disfrazarte para crear una buena «estrategia» comercial, la sensación de plenitud y bienestar que te invade cuando eres fiel a tu verdad es incuestionable.

Te animo a que lo pruebes. A fin de cuentas, una marca personal coherente es aquella que representa lo que verdaderamente eres: ¿Qué quieres transmitir desde el corazón? Hagamos un ejercicio rápido. Mírate al espejo: ¿Qué es lo primero que te viene a la cabeza al pensar en ti? Anota palabras clave.

¿Cómo construyes tu marca personal? Venimos trabajando en ello desde el primer capítulo. El autodiagnóstico y la introspección reflexiva son el punto de partida de un proceso gradual, orgánico y natural. Podemos dividirlo en cinco instancias:

- Primera: autoconocimiento.
- Segunda: método HUMANS® (problema, solución, transformación y audiencia).
- Tercera: mensaje y tono de comunicación. ¿Qué quieres comunicar? ¿Cómo lo vas a hacer?
- Cuarta: herramientas y recursos del mundo digital para diseñar una profesión a tu medida. ¿Qué canales vas a utilizar? ¡Necesitarás una web!

- Quinta: el cultivo de los cuatro factores esenciales de tu marca personal. Hablamos de diferenciación, valor, comunidad y autoridad.

1. Diferenciación: encuentra tus rarezas y ponlas en valor.

¿Qué te hace único? ¿Por qué eres diferente? Diferenciación es sinónimo de autenticidad, quizás el factor más relevante de tu marca personal, lo cual implica reconocerte. ¿Existe algo más diferenciador que ser quien de verdad eres?

Diferenciarte es fundamental para que seas la primera persona que viene a la mente de tu audiencia cuando piensen en tu ámbito de actividad, en la temática en la que eres experto. Esto significa que te tienen como un auténtico referente en aquello que haces. Sé la solución que tu audiencia necesita para resolver su problema.

No reprimas lo que te hace único. Honra tus rarezas. Comparte los momentos más relevantes de tu vida. Construye un discurso diferencial. Tu experiencia personal y profesional es única. ¿Qué conflictos has logrado superar? ¿Por qué haces lo que haces? ¿Cuál es tu historia? ¿Y tus valores?

2. Valor: sé útil para tu audiencia.

¿Qué necesita tu audiencia? ¿Cómo vas a ser relevante? No hay trucos: aportas mucho valor y a cambio recibes algo. Para ser útil tienes que conocer las necesidades de tu audiencia, sus problemas, sin olvidar tus propias motivaciones. Recuerda la promesa, la transformación. No seas barato, sé valioso, cercano, accesible. Entregar valor de manera recurrente te ayudará a ir creando una comunidad fiel.

3. Comunidad: construye una tribu en torno a lo que haces.

¿Cómo vas a crear vínculos emocionales? Fomenta el sentimiento de pertenencia. Crea un ambiente colaborativo y participativo donde todos contribuyan. Sin una comunidad de calidad, no hay crecimiento. Sin autenticidad, no hay tribu.

No hace falta que te sigan miles de personas. Lo importante no es la cantidad, sino la causa compartida. Haz que ser miembro de tu comunidad tenga un valor añadido. No busques seguidores, construye un colectivo de personas que puedas liderar, que tengan inquietudes similares, que compartan tu propósito.

¿Cuándo es un buen momento para empezar a crear tu tribu? Hoy mismo. Utiliza diferentes plataformas, aquellas con las que te sientas más cómodo (redes sociales, lista de suscriptores, grupo de Telegram, etcétera). Una persona auténtica seduce, engancha y no necesita promocionarse todo el tiempo. Como atraes a tu vida aquello que eres, asegúrate de ser quien de verdad eres para que tu tribu encaje contigo.

4. Autoridad: conviértete en un experto.

Cuando te conviertes en una autoridad ya no tienes que buscar clientes: tu audiencia te encuentra a ti. Si te diferencias, aportas valor y vas construyendo tu tribu, poco a poco irás consiguiendo visibilidad, notoriedad y posicionamiento. Esto te irá dando autoridad. La autoridad te convierte en un profesional influyente en tu sector.

¿En qué quieres ser experto? Ser concreto es importante. No es lo mismo decir «asesoría» —demasiado genérico—, que «asesoría fiscal especializada en profesionales de la salud», o decir «arquitectura o interiorismo», que «diseño consciente de interiores». Ahora te toca a ti.

¿Cómo saber cuándo se te considera un experto en tu campo?

- Mayor poder de influencia social.
- Más facilidad para colaborar con otros expertos.
- Tu opinión es tenida en cuenta. Se te consulta.
- Aumenta tu credibilidad.
- Recibes invitaciones para eventos y entrevistas.
- Te llaman para hacer conferencias y cursos.
- Se acorta el ciclo de vida de tu audiencia.
- Aumenta el tráfico orgánico a tu página web.
- Puedes elegir, o lo que es lo mismo: mayor libertad.
- Generas ingresos PERM.

Tu reputación profesional mejora cuando tú mejoras. La autoridad siempre empieza por dentro, porque cuando te conoces dejas de dudar de tus propias capacidades, confías en tus fortalezas, lanzas un mensaje compacto y veraz, sin fisuras, tienes un propósito firme y una misión bien dirigida. Cuando crees en ti, es muy fácil que tu audiencia también lo haga. Es cuando te reconoces que consigues reconocimiento y poco a poco vas soltando a tus referentes. Te conviertes en un referente para otros. A fin de cuentas, una marca personal exitosa es lo que proyecta un profesional reconocido.

8.4. CONQUISTA TU LIBERTAD

«La única manera de lidiar con este mundo sin libertad es volverte tan absolutamente libre que tu mera existencia sea un acto de rebelión.» Albert Camus

Eres libre porque te dejas ser y puedes elegir. Conocerte te da claridad. La claridad te da libertad. No hay libertad profesional sin libertad personal. Cuando hablamos de libertad personal hablamos de libertad interior.

La libertad interior se conquista cuando te liberas de tus propias cadenas mentales, de las ataduras limitantes del ego. Ocurre cuando integras tu sombra, vives tus emociones, te despojas de condicionamientos sociales y dejas de repetir los patrones heredados. Implica soltar tus temores, resolver tus traumas y conquistar tus miedos, atravesar las barreras invisibles que inhiben tu crecimiento. Esto te permite expandir tu potencial y sentirte pleno y realizado.

No hay libertad sin autorresponsabilidad. Si quieres conquistar tu libertad, responde esta pregunta con honestidad: ¿cómo vives?

Si vives como quieres vivir de forma consciente, dejas de seguir al rebaño. Si te atreves a vivir en coherencia, elevas tu consciencia. Abraza tu responsabilidad personal, hazte cargo de tus decisiones. Tú eliges de qué manera vives tus circunstancias. Los síntomas son: entusiasmo, vitalidad, calma, confianza, conexión. Despertar es una práctica real de vida. No hay más.

La prosperidad interior es la causa intangible de la riqueza, la abundancia es un tema de mentalidad, hábitos y consciencia.

Se trata de mirar hacia adentro para desarrollarte en lo personal y luego hacia afuera para prosperar profesionalmente. Este es el viaje que hemos hecho a lo largo del libro: del punto (A) al punto (B). Te invito a que repitas el ejercicio del primer capítulo. Si no sabes quién eres, ¿cómo sabrás lo que quieres?, ¿cómo te darás lo que necesitas? Sin autoconocimiento, no eres libre.

Somos verdaderamente libres cuando decidimos abandonar la inercia colectiva para experimentar por nosotros mismos. Tus creencias crean lo que vives. Si no te gusta lo que vives, revisa aquello en lo que crees, valida empíricamente tus creencias e identifica todo lo que no te deja sintonizar con tu señal interna, que te impide conquistar tu libertad.

Si empiezas a cuestionar, cambias lo que piensas y sabes lo que eres, podrás crear una nueva realidad que esté alineada con lo que tu alma anhela y necesita para evolucionar. El propósito final del ser humano es la liberación de la esencia de su ser para dejar de vivir identificado con una versión profundamente reduccionista, de sí mismo, de la vida y del mundo que le rodea. Estamos aquí para vivir y dar un sentido más elevado a nuestra existencia. Y eso solo se consigue cuando te das permiso para ser una persona libre y, en consecuencia, un profesional feliz.

8.5. CÓMO SER UN PROFESIONAL FELIZ

¿A quién inspiras? Tal y como dijo Nelson Mandela: «Cuando dejamos que nuestra propia luz brille, inconscientemente damos permiso a otros para que hagan lo mismo».

Un profesional feliz se conoce a sí mismo, hace lo que le apasiona, vive de ello con devoción y ayuda e inspira a otros desde su misión. Esto no quiere decir que todo sea un camino de rosas con música celestial de fondo. Habrá días que te sentirás pletórico y días en que querrás dejarlo todo, momentos en que te comerás el mundo y momentos en que tendrás ganas de mandarlo todo a la mierda. Tu revolución sigue, el proceso evolutivo no termina.

Un profesional feliz es una persona libre que ha creado una marca personal exitosa en sintonía con su verdadera esencia. De la marca personal depende en gran medida nuestro éxito profesional, especialmente en un mundo cada vez más líquido, digitalizado, hiperconectado.

NO HAY FELICIDAD PROFESIONAL
SIN LIBERTAD PERSONAL

LIBERTAD PERSONAL

FELICIDAD PROFESIONAL

PERSONA LIBRE

PROFESIONAL FELIZ

Tu desarrollo profesional es una decisión que depende de ti. Deja que lo personal y lo profesional convivan en armonía. No es ninguna quimera. Para hacer lo que amas, antes tienes que amarte y eso conlleva conocerte. El autoconocimiento es el verdadero origen del equilibrio interior, y es fundamental para reinventarte. La vida poco a poco se va acomodando a ese cambio interno. El caos va desapareciendo y, con ello, tus inseguridades. Conocerte es el punto de partida, el final de la esclavitud mental.

La felicidad profesional está por tanto vinculada con la libertad personal. La libertad, y por tanto la felicidad, no te la da un «negocio exitoso», una «empresa rentable» o cierto «estatus laboral», te la da tu grado de desarrollo personal y, un paso más allá, el despertar espiritual. Lo demás es la recompensa, un efecto inevitable de disfrutar tanto con lo que haces que lo haces extraordinariamente bien. Eres un experto.

Un profesional feliz tiene la capacidad de elegir con madurez cuatro aspectos fundamentales relacionados con su actividad:

- El sueldo: ¿Cuánto quieres ganar?
- El horario: ¿Cuántas horas quieres dedicarle?
- El lugar: ¿Dónde quieres ejercer?
- El entorno: ¿Con quién quieres colaborar?

Si no puedes elegir tu sueldo, tu horario, tu lugar y tu entorno, no eres libre. Puede parecer una obviedad o una utopía, pero si no puedes poner tus condiciones, otros te acabarán imponiendo las suyas. Piensa en ello. Ponle intención para que se vaya manifestando.

No prostituyas tu singularidad. Cambia el qué dirán por el que digan lo que quieran. Cultiva el desapego de críticas y elogios: que las críticas no apaguen tu rugido interior, que los elogios no te vuelvan idiota.

Finalmente, deja huella para que otros te sigan, inspira con tu ejemplo. Un profesional feliz deja un legado que acompaña y/o motiva a otras personas en su propio camino, igual que tus referentes lo hicieron contigo. La responsabilidad social es el resultado final de tu autorresponsabilidad personal. Una actividad profesional con vocación de servicio irremediablemente sirve de faro para que otras personas también puedan encender su llama interior, brillar e iluminar a otros.

8.6. EL MODELO DE BARRETT

Cuando sientas que te has convertido en un profesional feliz, tu compromiso con una causa mayor que tú mismo acabará revolucionando tu vida. Y puede que el mundo. Pasarás de tener una vida que giraba únicamente en torno a la necesidad de supervivencia a tener una vida motivada por un sentido más amplio, caracterizada por un nivel de contribución alto y por una fuerte vocación de servicio, con un profundo sentimiento de autorrealización personal y profesional.

Es el despertar de tu consciencia. Hay quien llama «despertar espiritual» a esa facultad de vivir despiertos. Según Richard Barrett, cada ser humano se desarrolla a través de siete niveles

BIENESTAR COLECTIVO

SERVIR
Servicio desinteresado — **7**

HACER UNA DIFERENCIA
Crear un impacto diferente en el mundo — **6**

LA COHESIÓN INTERNA
Encontrar sentido a la existencia — **5**

TRANSFORMACIÓN
Dejar atrás los miedos. Tener el valor para desarrollarse y crecer — **4**

INTERÉS PERSONAL

AUTOESTIMA
Tener un sentido de autoestima
Temor: Yo no soy suficiente — **3**

RELACIÓN
Sentirse protegido y amado
Temor: Yo no soy amado lo suficiente — **2**

SUPERVIVENCIA
La satisfacción de nuestras necesidades físicas y de supervivencia
Temor: Yo no tengo lo suficiente — **1**

SER

CONSCIENCIA

DESPERTAR

EGO

de consciencia. Cada nivel representa un mayor grado de madurez, conexión y comprensión, lo que provoca un cambio en nuestros valores, motivaciones, comportamientos y, en general, en nuestra relación con el mundo que nos rodea.

Este modelo que establece los diferentes niveles o áreas de consciencia del ser humano es una evolución de la famosa pirámide de necesidades de Maslow. Es una herramienta muy útil para evaluar personas, organizaciones e incluso sociedades.

En los tres primeros escalones —supervivencia, relación y autoestima— estamos en el ámbito del interés personal. Buscamos satisfacer nuestras necesidades básicas con el fin de sentirnos bien, aunque conseguimos un estado de bienestar que no es permanente. En el cuarto escalón, que es la transformación, salimos de nuestra zona de control y seguridad, dejamos atrás los miedos, nos desarrollamos y crecemos según nuestros propios valores y creencias. Finalmente, en la parte superior —cohesión interna, hacer una diferencia y servir— nos centramos en la necesidad de buscar un propósito orientado al bienestar colectivo para darle sentido a nuestra vida, impactando positivamente en el mundo. Esto nos lleva a un nivel más intenso y auténtico de gozo y satisfacción.

Este gráfico representa una de las principales razones por las que no nos entendemos con otras personas que se encuentran en otro nivel de consciencia. No lo visualices como algo jerárquico o vertical, sino más bien como un proceso natural y horizontal. Cada cual crece y evoluciona a un ritmo diferente. Cada uno vive su momento.

Escoge un nivel, aquel que creas que identifica tu situación actual. Puedes hacer una evaluación entrando en http://mot.ms/barret-values y haciendo un breve y sencillo cuestionario de conductas y motivaciones elaborado por el Centro de Valores de Barrett. Recibirás un informe por correo electrónico con tus resultados. Es interesante. Yo lo repito periódicamente.

En palabras de Carl Gustav Jung: «La consciencia es una precondición del Ser. Sin consciencia el mundo no existiría, sin consciencia no te puedes conocer a ti mismo y sin autoconocimiento no logras las cosas que quieres en la vida».

8.7. VEINTICINCO PREGUNTAS PARA REVOLUCIONAR TU VIDA

Para finalizar con la hoja de ruta que hemos ido siguiendo, te propongo veinticinco preguntas clave que resumen todo lo trabajado a lo largo del libro y que de algún modo sintetizan el proceso consciente de cambio que hemos planteado para revolucionar tu vida:

1) INICIA TU CAMBIO

1. Punto de partida: ¿Dónde estás ahora?
2. Radiografía vital: ¿Cuál es tu situación actual?
3. Vida potencial: ¿Qué estilo de vida quieres?

2) RECUERDA QUIÉN ERES

4. Apariencia: ¿Quién no eres?
5. Energía vital: ¿Qué no necesitas?
6. Esencia: ¿Qué haces para ser?

3) ATRÉVETE A SER

7. Sombra: ¿Qué no estás aceptando?
8. Conexión: ¿Qué te hace sentir vivo?

4) REPROGRAMA TU *MINDSET*

9. Mentalidad: ¿Qué te está limitando?
10. Creencias: ¿Qué cuestionas?

5) RECONOCE TU DON

11. Dones: ¿Para qué sirves?
12. Barreras invisibles: ¿Qué te impide ser?
13. Brújula interior: ¿Cuáles son tus valores?

6) DESATA TU POTENCIAL

14. Pasiones: ¿Qué te apasiona?
15. Talentos: ¿Qué se te da bien?
16. Conocimientos: ¿Qué sabes?

7) DEFINE TU PROPÓSITO

17. Propósito: ¿Para qué haces lo que haces?
18. Profesión: ¿Qué herramientas vas a usar?
19. Misión: ¿Qué necesita el mundo?
20. Monetización: ¿Cómo puedes vivir de ello?

8) REVOLUCIONA TU VIDA

21. Problema: ¿Qué vas a solucionar?
22. Solución: ¿Qué ofreces?
23. Transformación: ¿Qué prometes?
24. Audiencia: ¿Para quién lo haces?
25. Marca personal: ¿Cómo te perciben?

Para afrontar un viaje como este necesitarás grandes dosis de valentía, humildad y compromiso. El autoconocimiento demanda reflexión. Dejarte ser implica introspección. El descubrimiento de tu vocación requiere que explores. En la experimentación encuentras tu camino. No caigas en la ilusión de una vida monótona, aburrida y repetitiva. La rutina no se recuerda porque no provoca emociones, y sin emoción no hay transformación. Vive tanto que tengas agujetas emocionales.

Per aspera ad astra es una expresión latina que significa «Hacia las estrellas a través de las dificultades». Crecemos en la adversidad. Cuando lo de fuera se desmorona, tan solo nos queda confiar en lo de dentro. Esta es una invitación a que nos abramos a lo desconocido, aunque eso suponga ir en contra de lo establecido. ¡Abracemos el cambio!

¿Y AHORA QUÉ?

«Un pájaro nunca teme que la rama se rompa porque confía en sus alas, no en la rama.» Anónimo

Ya no confías en la rama porque has recordado que tienes alas. Has aprendido a valerte por ti mismo. Cuando decides no dejar tu vida en manos de otros, por fin te lanzas a volar. Entonces todo cambia. ¡Ahora empieza tu verdadero viaje!

Por tanto, la pregunta que debes formularte no es «y ahora qué» sino más bien «y ahora quién»: ¿quién vas a ser a partir de hoy?

Presta atención a tu mundo interno y deja que tu vida refleje todo lo que allí descubras. Invierte en ti. Emprende tu propio camino. Primero reflexiona, luego pasa a la acción. Encuentra lo que te motiva, después te pones manos a la obra y lo monetizas. ¿Qué te hace sentir realizado? ¿Qué te produce alegría? No dejes de hacerlo.

Libera lo que potencialmente eres y atrévete a compartirlo con el mundo.

Como dijo Tom Felton, «La vida solo te sonríe cuando dejas de pensar que es una mierda». La mejor actitud es la gratitud. Tú decides si asumes el papel de víctima o agricultor, ya sabes: el primero se queja de la mierda, el segundo la utiliza como abono.

USA TODA LA MIERDA QUE TE ENCUENTRES EN TU CAMINO COMO ABONO PARA CRECER.

Te ves radiante cuando optas por la segunda opción, aunque tendrás que cultivar la paciencia. No necesitas que otros crean en ti para seguir adelante. Cuando no sepas hacia dónde ir, vuelve a ti. Lo estás haciendo bien, ten fe.

¡Qué bien te sienta vivir!

VIVIR ES UN ACTO REVOLUCIONARIO

«Si quieres iluminar el sufrimiento del mundo, elimina todo lo oscuro que hay en ti. El mayor regalo que tienes para ofrecer es el de tu propia transformación.» Lao Tse

La auténtica revolución no es cambiar el mundo, sino cambiar nosotros para ser más nosotros mismos. Dejar ir lo que no somos y dejarnos vivir en paz. Decía Ravi Shankar que «cuando estás sentado con los ojos cerrados y meditando, no estás haciendo nada y, sin embargo, la vibración que estás generando desde dentro está cambiando el mundo».

Hemos evolucionado gracias al poder subversivo de los rebeldes con causa. A lo largo de la historia han existido personas como Martin Luther King, Frida Kahlo, Mahatma Gandhi o Nikola Tesla, que cuestionaron y desafiaron el orden social impuesto, que nos han permitido avanzar como humanidad. Estamos despertando gracias a personas como tú, que te has atrevido a abandonar la ilusión de seguridad de la rama para ser libre.

Sigamos desaprendiendo y creciendo, como individuos y como sociedad. Por cada persona reinventada damos un paso más hacia el renacer colectivo.

Las crisis anuncian cambios. No sufrimos por los cambios sino por la resistencia a cambiar. Pero lo que nos permite despertar es precisamente aceptar que la vida es un proceso evolutivo y que las transformaciones hacen que todo siga su curso natural. Si te sientes estancado, inicia tu cambio. Tu fuerza interior es más grande de lo que imaginas.

Jung decía que «La vida no vivida es una enfermedad de la que se puede morir». No mueras antes de plazo. Vivamos el presente con ilusión, pero con honestidad y madurez. Y miremos al futuro con esperanza. No tratemos de vivir más de un día cada vez.

Cuando nos alejamos de nuestra esencia, la vida nos invita a parar, observar y abrir el corazón para hacernos recordar y volver a conectar con la consciencia. La magia ocurre cuando abandonamos la rigidez y dejamos de luchar contra la vida.

Si estás harto de vivir a ratos y sientes que ahora es tu momento, no cambies lo de fuera: empieza por dentro. Vuelve aquí cuando dudes de ti. Lo más medicinal y fascinante es contar con un rumbo vital alineado con tu ser.

Cuando evolucionas, revolucionas tu vida.

Porque no hay nada más liberador que recuperar tu poder personal, ni nada más revolucionario que vivir.

¿Estás listo para unirte a la nueva generación de inconformistas?

BIBLIOGRAFÍA Y RECURSOS

LIBROS

UNA MIRADA HACIA ADENTRO (libros para comprenderte mejor)

BYRON, K., *Amar lo que es. Cuatro preguntas que pueden cambiar tu vida*, Barcelona, Books4pocket, 2009.

CADARSO, V., *Abraza a tu niño interior. Nunca es tarde para sanar tu infancia*, Madrid, La esfera de los libros, 2013.

CAMPBELL, J., *El héroe de las mil caras*, Girona, Atalanta, 2020.

CARRILLO, E., Y F. PRIMS, *Conócete a ti mismo*, Málaga, Sirio, 2019.

CHOPRA, D., *Metahumano*, Madrid, Gaia, 2020.

FRANKL, V., *El hombre en busca de sentido*, Madrid, Herder, 2015.

FROMM, E., *Del tener al ser*, Barcelona, Paidós, 2007.

—, *La patología de la normalidad*, Barcelona, Paidós, 2007.

GLADWELL, M., *Fuera de serie: por qué unas personas tienen éxito y otras no*, Barcelona, Taurus, 2009.

GOLEMAN, D., *Inteligencia emocional*, Barcelona, Kairós, 1996.

HARRIS, R., *La trampa de la felicidad*, Barcelona, Planeta, 2010.

HAY, L. L., *Usted puede sanar su vida*, Barcelona, Books4pocket, 2007.

KRISHNAMURTI, J., *El arte de vivir*, Barcelona, Kairós, 2007.

—, *La libertad interior*, Madrid, Kairós, 1993.

—, *Vivir en un mundo sin sentido*, Madrid, Kairós, 2011.

MELLO, A., *Despierta*, Madrid, Gaia Ediciones, 2011.

OSHO, *La magia de ser tú mismo*, Barcelona, Debolsillo, 2020.

PUIG, M. A., *Reinventarse. Tu segunda oportunidad*, Barcelona, Plataforma, 2010.

RISO, W., *Enamórate de ti. El valor imprescindible de la autoestima*, Buenos Aires, Emecé, 2012.

ROBINSON, K., *El elemento*, Barcelona, Debolsillo, 2009.

SAMSÓ, R., *Supercoaching*, Barcelona, Conecta, 2014.

SCHWARTZ, R., *El plan de tu alma*, Málaga, Sirio, 2011.

SHARMA, R., *El monje que vendió su Ferrari*, Barcelona, Debolsillo, 2021.

TAYLOR, S., *La caída. La locura del ego en la historia humana y el despertar de una nueva era*, Barcelona, Ediciones La llave, 2016.

TOLLE, E., *El poder del ahora*, Barcelona, Penguin Random House, 2020.

UNA MIRADA HACIA AFUERA (Libros para desarrollarte profesionalmente)

ALCAIDE, F., *Aprendiendo de los mejores. Tu desarrollo personal es tu destino*, Barcelona, Alienta Editorial, 2013.

FERNÁNDEZ, S., *Libertad financiera. Los 5 pasos para que el dinero deje de ser un problema*, Barcelona, Plataforma, 2019.

FERRIS, T., *La semana laboral de 4 horas*, Barcelona, RBA Libros, 2016.

GODIN, S., *La vaca púrpura. Diferénciate para transformar tu negocio*, Barcelona, Ediciones Gestión 2000, 2011.

HENDRICKS, G., *Tu gran salto*, Madrid, Faro, 2020.

HILL, N., *Piense y hágase rico*, Barcelona, Debolsillo, 2021.

Hunter, J., *La paradoja*, Madrid, Empresa Activa, 2013.

JOHNSON, L., *Adiós al jefe*, Barcelona, Conecta, 2011.

KIYOSAKI, R., *Despierta el genio financiero de tu hijo*, Barcelona, Aguilar, 2014.

—, *Padre rico, padre pobre*, Barcelona, Debolsillo, 2021.

PÉREZ ORTEGA, A., *Monetízate*, Barcelona, Alienta, 2019.

ROVIRA, A., Y F. MIRALLES, *El mapa del tesoro. El poder de la acción*, Barcelona, Conecta, 2012.

SAMSÓ, R., Y S. FERNÁNDEZ, *Misión emprender*, Barcelona, Conecta, 2020.

SAMSÓ, R., *El código del dinero*, Barcelona, Obelisco, 2009.

—, *La era de los expertos*, CreateSpace Independent Publishing Platform, 2018.

VILASECA, B., *Qué harías si no tuvieras miedo*, Barcelona, Debolsillo, 2020.

PELÍCULAS Y DOCUMENTALES
Las vidas posibles de Mr. Nobody (2009), de Jaco Van Dormael
Hacia rutas salvajes (2007), de Sean Penn
El guerrero pacífico (2006), de Victor Salva
Matrix (1999), de las hermanas Wachowski
Soul (2020), de Pete Docter
Cadena de favores (2000), de Mimi Leder
¡¿Y tú qué sabes?! (2004), de Mark Vicente, William Arntz y Betsy Chasse.
V de Vendetta (2005), de James McTeigue
La vida es bella (1997), de Roberto Benigni
Mi vida sin mí (2003), de Isabel Coixet
El planeta libre (1996), de Coline Serreau
Renegado: la historia y vida de David Icke (2019), de Stephen Peek
Bilderberg (2016), de Joan Cutrina
Crazywise (2017), de Phil Borges y Kevin Tomlinson
Supercharged (2017), de Harry Massey
Heal (2017), de Kelly Noonan Gores
Convirtiéndonos en nadie (2020), de Jamie Catto
Zeitgeist Addendum (2008), de Peter Joseph

SITIOS WEB
Página web del autor:
www.albertoapolo.com

Página web del libro:
www.revolucionatuvida.org